社会福祉・社会保障入門

杉野 緑 著

まえがき

　本書は、初めて社会福祉・社会保障を学ぶ方のための入門書として書きました。社会福祉や社会保障という言葉はよく耳にしますが、本来の目的や意味、しくみをどのくらい理解しているでしょうか。

　本書は、第Ⅰ部「社会福祉・社会保障の基本理念と発展過程」、第Ⅱ部「社会福祉の諸政策」、第Ⅲ部「社会保障制度」の3部で構成されており、なぜ社会福祉・社会保障は必要とされ、つくられてきたのか、その基本的な考え方は何か、私たちの生活をどのように支えているのかを考えることができるように努めました。

　第Ⅰ部では、社会福祉・社会保障の基本理念である生存権の内容、日本国憲法第25条について、社会福祉・社会保障の概念、社会保障の要件の基本的内容を学びます。発展過程ではイギリスにおける救貧法と貧困の社会的発見、日本の東京都養育院を例に取り上げながら貧困問題への認識と権利性の発展について学びます。そして、社会福祉・社会保障が対象とする国民生活の特徴と生活問題について理解を深めていきます。

　第Ⅱ部では、日本の社会福祉政策について生活保護、児童家庭福祉、障害者福祉、高齢者福祉、社会福祉施設、地域福祉のテーマで社会福祉政策の実際を私たちの生活、生活問題の視点から学びます。

　第Ⅲ部では、日本の社会保障制度について社会保障財政、社会保険と公的扶助の二段構えで保障する意義、具体的な制度である所得保障、医療保障、介護保障についてしくみと意義を学びます。そして、社会保障が保障すべき水準・内容について考察を深めていきます。

　本書では、なぜ生活問題が生じるのかを理解し、それへの社会的予防・対応策としての社会福祉・社会保障であること、社会福祉を社会保障の一環として位置づけて学ぶことを大切にしています。それにより、現在進行している社会福祉・社会保障改革を国民の側から検証することにつながると考えます。また、社会福祉・社会保障を私たちの生活とあわせて正しく理解することが学びの第一歩となります。

　皆様の学びに活用してください。

2017年9月　杉野　緑

もくじ

まえがき

第Ⅰ部　社会福祉・社会保障の基本理念と発展過程

第1講　社会福祉・社会保障の基本理念としての生存権
 1．社会福祉・社会保障の基本理念としての生存権 …………… 14
 2．生存権の内容と社会的必然性 …………… 14
 3．日本国憲法第25条の生存権規定 …………… 15

第2講　社会福祉・社会保障とは
 1．「社会福祉」の概念 …………… 17
  （1）「社会福祉」という言葉　／17
  （2）社会福祉学における概念　／17
 2．社会保障（social security）の定義 …………… 18
  （1）ILO『社会保障への道』　／18
  （2）ベヴァリッジ報告『社会保険および関連サービス』　／19
  （3）世界人権宣言　／19
  （4）日本の社会保障制度審議会勧告　／20
 3．社会保障の要件 …………… 20
  （1）国家責任　／20
  （2）すべての国民の生涯を対象　／21
  （3）最低生活保障　／21
 4．社会保障の前提条件 …………… 22
 5．社会保障の機能 …………… 22
  （1）生活保障　／23
  （2）所得再分配　／23
  （3）社会の安定と経済の安定・成長　／23
 6．社会保障の体系と二段構えの生活保障 …………… 24
  （1）公的扶助と社会保険の機能　／24
  （2）二段構えの生活保障―公的扶助と社会保険―　／26

第3講　イギリスにおける救貧法の歴史と「貧困の社会的発見」
 1．社会福祉の発展過程 …………… 27
 2．イギリスにおける救貧法の歴史 …………… 28

（1）　イギリスにおける救貧法の歴史を学ぶ意義　／28
　　（2）　封建社会の弛緩とエリザベス救貧法（旧救貧法）　／28
　　（3）　18世紀における救貧法の変容　／29
　　（4）　産業資本主義の確立と新救貧法の成立　／29
　3．独占段階への移行と貧困の発見 ………………………………… 30
　　（1）　独占段階への移行と大不況　／30
　　（2）　2つの社会調査による「貧困の社会的発見」と貧困観の転換　／31
　　（3）　「救貧法および失業に関する王命委員会」での検討（1905～1909年）　／32
　　（4）　自由党政府の社会改良政策　／33

第4講　労働者相互扶助から社会保険へ
　　　　　―失業・戦争と社会保障制度の成立―
　1．イギリスの労働者相互扶助組織―自助的共済― ………………… 34
　2．イギリス型社会保険の形成 ……………………………………… 35
　　（1）　国民保険法（第一部：疾病保険、第二部：失業保険）の成立　／35
　　（2）　失業扶助の創設　／35
　　（3）　ベヴァリッジ報告と社会保障構想　／36

第5講　日本における社会事業史―東京都養育院120年の歴史―
　1．日本の社会福祉前史 ……………………………………………… 37
　2．「東京都養育院」120年の歴史 ……………………………………… 38
　　（1）　「東京都養育院」とは　／38
　　（2）　養育院開設のころ　／38
　　（3）　産業革命後の養育院　／39
　　（4）　救護法施設としての養育院　／40
　　（5）　第二次世界大戦時下の養育院　／40
　　（6）　社会福祉施設へ　／41
　　（7）　開かれた養育院―権利としての社会福祉施設へ―　／41
　3．慈善から社会福祉へ ……………………………………………… 42

第6講　今日の国民生活の特徴と生活問題
　1．社会福祉・社会保障が対象とする「生活」とは ………………… 43
　　（1）　人間としての生活　／43
　　（2）　勤労者（賃金労働者）としての生活　／43
　　（3）　生活条件とは　／44
　　（4）　生活問題とは　／44
　2．今日の国民生活の特徴 …………………………………………… 46
　　（1）　国民の雇用者化　／46
　　（2）　家族（世帯）規模の縮小と単身化　／47
　　（3）　都市化　／49
　　（4）　生活の社会化　／50

3．国民生活の特徴と生活問題 …………………………………… 51

第7講　社会福祉・社会保障政策の展開と社会保障改革
　　1．社会福祉政策の展開 …………………………………………… 52
　　　　（1）救済から権利へ　／52
　　　　（2）経済成長と社会福祉・社会保障の確立　／53
　　　　（3）「福祉元年」と「福祉見直し」　／53
　　2．1995（平成7）年社会保障制度審議会勧告と国民生活 ………… 54
　　　　（1）1990年代の社会福祉・社会保障改革―社会保障制度審議会勧告―　／54
　　　　（2）社会保障と税の一体改革　／55
　　　　（3）国民生活と社会保障改革・社会福祉基礎構造改革　／56

第Ⅱ部　社会福祉の諸政策

第1講　地域生活の基盤としての生活保護
　　1．生活保護法制定までの経緯 …………………………………… 58
　　　　（1）戦前の貧困対策―制限扶助主義―　／58
　　　　（2）敗戦と旧生活保護法の成立　／59
　　　　（3）社会保障制度審議会勧告と生活保護法（現行法）の成立　／60
　　2．生活保護制度の目的と基本原理等 …………………………… 61
　　　　（1）生活保護制度の目的　／61
　　　　（2）生活保護の基本原理　／62
　　　　（3）生活保護の原則　／63
　　　　（4）生活保護における権利と義務　／64
　　　　（5）不服申立て制度　／65
　　3．生活保護のしくみ ……………………………………………… 66
　　　　（1）保護の種類・方法および範囲　／66
　　　　（2）保護の実施体制　／67
　　4．生活保護の基本的性格―国民の権利としての生活保護― …… 67
　　5．今日の生活保護をめぐる動向・受給世帯について ………… 68
　　　　（1）増加する生活保護受給人員数・世帯数　／68
　　　　（2）生活保護基準引き下げと生活保護法改正　／68
　　6．地域生活の基盤としての生活保護 …………………………… 69
　　7．自立支援プログラムと生活困窮者自立支援法 ……………… 70
　　　　（1）自立支援プログラム　／70
　　　　（2）生活困窮者自立支援法　／70

第2講　児童家庭福祉の展開と現状
　　1．子どもの権利保障 ……………………………………………… 72

（1）子どもの権利保障の推移　／72
　　（2）児童の権利に関する条約　／73
　2．日本の児童家庭福祉の理念と概要の変遷 …………………… 74
　　（1）第二次世界大戦前から戦時中　／74
　　（2）日本国憲法の原則と児童福祉法の理念　／75
　　（3）児童憲章の制定　／75
　3．児童家庭福祉の展開と児童福祉法 …………………………… 76
　　（1）児童家庭福祉の展開と今日的な動向　／76
　　（2）児童福祉法　／77
　4．子育て支援対策 ………………………………………………… 79
　　（1）子ども・子育て支援給付　／79
　　（2）認定こども園制度の改善　／81
　　（3）地域の実情に応じた子ども・子育て支援の充実　／81
　5．児童養護問題 …………………………………………………… 81
　　（1）児童養護問題と社会的養護体系　／81
　　（2）児童養護施設入所理由にみる児童養護問題の変化　／82
　　（3）児童養護問題の基底にあるもの　／83

第3講　障害者福祉施策の展開と現状

　1．障害者福祉の理念 ……………………………………………… 84
　　（1）国連障害者福祉のあゆみ　／84
　　（2）日本におけるあゆみ　／84
　　（3）日本の障害者に対する基本的な理念　／85
　2．障害者福祉施策の展開と現状 ………………………………… 86
　　（1）身体障害者福祉法　／86
　　（2）知的障害者福祉法　／88
　　（3）精神保健及び精神障害者福祉に関する法律　／89
　　（4）発達障害者支援法　／90
　　（5）専門機関　／91
　3．障害者総合支援法の展開と現状 ……………………………… 92
　　（1）障害者自立支援法　／92
　　（2）「障害者の日常生活及び社会生活を総合的に支援するための法律」の施行　／93
　　（3）障害者総合支援法の内容　／93
　4．障害者福祉の意義 ……………………………………………… 96

第4講　高齢者福祉施策の展開と現状

　1．高齢者の生活実態と特徴 ……………………………………… 98
　　（1）高齢者の生活実態　／98
　　（2）高齢者の生活問題を引き起こす諸要素　／98
　　（3）日本の高齢者の特徴　／100
　2．老人福祉制度の変遷 …………………………………………… 100

（1）救貧施策から福祉へ　／100
　（2）老人福祉法制定の背景と意義　／100
　（3）老人福祉法の改正―老人医療費無料化―　／101

3．「老人福祉」から「高齢者保健福祉」へ …………………………… 102
　（1）老人保健法制定の背景　／102
　（2）高齢者保健福祉へ　／102
　（3）介護保険法制定　／104
　（4）老人保健法の全面改正　／104

4．老人福祉の現状 …………………………………………………… 104

5．老人福祉法の概要 ………………………………………………… 105
　（1）居宅における介護　／105
　（2）老人福祉施設　／105
　（3）老人福祉計画　／105
　（4）老人福祉の増進のための事業　／106

6．老人問題、高齢者問題とは ……………………………………… 106

第5講　社会福祉施設の発展と施設の社会化

1．社会福祉施設とその歴史 ………………………………………… 107

2．社会福祉施設の種類と推移 ……………………………………… 108
　（1）多様な施設の種類　／108
　（2）社会福祉施設の施設数の推移　／109

3．社会福祉施設の運営基盤と最低基準 …………………………… 111
　（1）措置制度と利用契約制度　／111
　（2）措置費の成り立ち　／112
　（3）社会福祉施設の最低基準　／112

4．社会福祉施設の社会化 …………………………………………… 113

第6講　地域福祉施策の背景とその現状

1．地域福祉施策の背景 ……………………………………………… 114
　（1）地域福祉とは　／114
　（2）地域福祉の背景　／115

2．日本の地域福祉政策 ……………………………………………… 115
　（1）社会福祉政策の転換　／115
　（2）地域福祉、在宅福祉の展開と現状　／116

3．ノーマライゼーションと地域福祉、在宅福祉 ………………… 118

4．地域福祉の団体・担い手 ………………………………………… 119
　（1）社会福祉協議会　／119
　（2）社会福祉法人　／119
　（3）民生委員　／120

5．地域福祉の推進策 ………………………………………………… 120

第Ⅱ部まとめ　今日の社会における社会福祉の役割

第Ⅲ部　社会保障制度

第1講　社会保障財政
1．社会保障財政の大きさ ································· 124
（1）　社会保障の財源　／124
（2）　国の財政規模と予算　／125
2．社会保障関係費の推移―社会保険費の増大― ················· 125
3．社会保障給付費の推移 ································· 126
（1）　社会保障給付費―社会保障の財政規模―　／126
（2）　社会保障給付費の内訳　／126
（3）　社会保障給付費の財源　／127
4．国民負担率とは ····································· 128

第2講　所得保障の諸制度
家計からみた生活の特徴と所得保障の意義
1．総務省「家計調査」にみる勤労者世帯の生活特徴 ············· 129
2．所得保障の諸制度とフローの所得 ······················· 131
（1）　フローの所得と所得保障　／131
（2）　日本の所得保障の諸制度　／131
3．所得保障の意義 ····································· 132
（1）　社会階級階層構成の変化と所得保障　／132
（2）　社会保障による所得保障の意義　／134

第3講　所得保障の諸制度　社会保険①
雇用保険・労働者災害補償保険・傷病手当金
1．雇用保険制度 ······································· 135
（1）　社会保障における失業時所得保障　／135
（2）　日本の失業時所得保障―失業保険法から雇用保険法へ―　／135
（3）　雇用保険制度（雇用保険法）　／136
2．労働者災害補償保険制度 ······························· 139
（1）　労働災害とは　／139
（2）　労働者災害補償保険制度（労働者災害補償保険法）　／139
3．傷病手当金 ··· 141
（1）　傷病手当金とは　／141
（2）　支給条件と内容　／141
4．失業、労働災害、傷病に対する所得保障の意義 ············· 142

第4講　所得保障の諸制度　社会保険②　年金保険

1．年金とは ……………………………………………………………… 144
2．日本の公的年金の歴史 ……………………………………………… 145
　（1）職業別に発展　／145
　（2）1960年代「国民皆年金」の確立　／145
　（3）1985（昭和60）年における年金制度改革　／146
　（4）2012（平成24）年改正　／148
3．日本の年金のしくみと給付 ………………………………………… 148
　（1）国民年金のしくみと給付　／149
　（2）厚生年金保険のしくみと給付　／151
　（3）年金の受給権　／152
4．公的年金の意義 ……………………………………………………… 152

第5講　所得保障の諸制度　公的扶助

1．社会保障での公的扶助の役割 ……………………………………… 154
　（1）公的扶助の概念　／154
　（2）日本の公的扶助の範囲と総合性　／155
2．最低生活費算定方式の推移と実際 ………………………………… 155
　（1）最低生活費としての生活保護基準の意義　／155
　（2）最低生活費（保護基準）の算定方法　／156
　（3）生活保護基準引き下げ　／158
3．日本の生活保護の特徴と意義 ……………………………………… 159
　（1）日本の生活保護の特徴　／159
　（2）生活保護の意義　／160

第6講　医療保障の諸制度　医療保険制度の沿革と医療保障改革

1．医療保険制度の沿革 ………………………………………………… 161
　（1）戦前の医療保障―明治期から第二次世界大戦直後まで―　／161
　（2）国民皆保険・皆年金体制の発足　／162
　（3）医療保険制度の拡充期　／162
2．医療保障改革 ………………………………………………………… 163
　（1）老人保健法の制定　／163
　（2）健康保険法の改正　／164
　（3）国民健康保険の改革　／164
　（4）2006（平成18）年医療保険制度改革　／165
　（5）社会保障と税の一体改革　／165
3．医療保障の意義 ……………………………………………………… 165

第7講　医療保障の諸制度　医療保障のしくみと国民医療費

1．日本の医療保障の制度 ……………………………………………… 167

2．医療保険制度のしくみと内容 ………………………………………… 168
　　（1）医療保険のしくみ　／168
　　（2）健康保険とその給付　／169
　　（3）国民健康保険とその給付　／171
　　（4）後期高齢者医療制度とその給付　／173
　3．国民医療費 ……………………………………………………………… 175
　　（1）国民医療費とは　／175
　　（2）国民医療費のしくみ　／175
　　（3）国民医療費増加の要因　／176
　4．日本の医療保障の特徴 ………………………………………………… 176

第8講　介護保障の諸制度　介護保険

　1．介護保険制定の背景とねらい ………………………………………… 177
　　（1）介護保険制定前の社会保障による公的介護保障　／177
　　（2）介護保険法制定の背景と経過　／178
　　（3）介護保険法の改正　／178
　　（4）介護保険制度のねらい　／180
　2．介護保険制度のしくみ ………………………………………………… 180
　　（1）介護保険法の目的　／180
　　（2）介護保険の保険事故　／181
　　（3）介護保険の保険者と被保険者　／181
　　（4）介護保険の保険料　／183
　3．介護保険から給付を受けるために …………………………………… 184
　　（1）申請と要介護・要支援認定　／184
　　（2）介護保険の給付内容　／185
　　（3）介護報酬　／187
　　（4）利用者負担と負担軽減制度　／187
　4．介護保険事業計画 ……………………………………………………… 188
　5．他方との調整 …………………………………………………………… 189
　6．地域包括ケアシステム ………………………………………………… 189
　7．介護保険の課題 ………………………………………………………… 189

第Ⅲ部まとめ　社会保障の役割と今後の課題

　索引　／193

第 I 部

社会福祉・社会保障の基本理念と発展過程

第 1 講 社会福祉・社会保障の基本理念としての生存権

> ▶はじめに
> 　本講では社会福祉・社会保障の基本理念、すべての考え方の基盤である生存権について学ぶ。生存権とは、私たちが人間として生まれながらに当然にもっているといわれている基本的人権の一つであり、「人間らしく生きる権利」「人として生きる権利」とされている。
> 　日本の社会保障制度は、1950（昭和25）年の社会保障制度審議会の勧告によりその骨子が示され、日本国憲法第25条の生存権を基本理念とし、公的扶助、社会保険、社会福祉、公衆衛生からなる。

第1節 社会福祉・社会保障の基本理念としての生存権

　生存権の性格について、大須賀は「『人間たるに値する生存』を国家権力の積極的な関与によって実現しようとする権利であって、もっぱら国家権力の不関与によって国民の自由つまり国民の自律的領域を確保しようとする自由権とは、基本的に権利の内容を異にするものである」[1]と述べている。生存権は国家権力の干渉の排除を要求する不作為行為権（自由権）ではなく、自己の生存のために積極的発動を要求する作為要求権（社会権）であり、社会権の中核的権利である。日本国憲法のなかでは、社会権として生存権、教育を受ける権利、労働基本権などが規定されている。

第2節 生存権の内容と社会的必然性

　生存権の内容は「単に生きていく」という程度ではなく「文化的な人間にふさわしい生活」を内容としている。そして、物質的・経済的生活の側面、精神的・文化的側面、生命・健康の側面など総合的な内容である。その内容は、超歴史的、固定的なものではなく、相対的でなければならない。時代、国、民族、生活様式と照らし合わせて「人間らしい生活」を意味する。

　生存権は今ただ存在するのではなく、歴史的経過と社会的必然性があり生成されつくり出されたものである。生存権思想の萌芽は、近代市民革命であるフランス革命にみられるが、19世紀の資本主義国家においては、国民個人

が自分の生活や生存に責任を負っており、国家はその責任を負わなかった。

しかし、大量の失業、貧困が存在し、生命さえ脅かされる人々が多数存在することが明らかになると、国家は恩恵的施策として各種の社会政策を実施した。そこには国民の生存を権利として認める考え方や思想はみられず、国家経済と資本の要請する労働力保全策に過ぎなかった。資本主義の発展にともない、生活困窮の原因の社会性がしだいに明らかになり、原因が資本主義制度に根ざすことが認められた。そして、生活困窮の救済は社会、国家の責任であると考えられるようになった。

このような背景のもと、初めて憲法典において生存権を規定したのはドイツ帝政が崩壊した1919年に制定されたワイマール憲法であった。ワイマール憲法は生存権を「経済生活の秩序は、すべての者に人間たるに値する生存を保障する目的を持つ正義の原則に適合しなければならない」と定めた。しかし、条文には生存「権」の用語は用いず、社会倫理的原則を明らかにするにとどまったとされる。

その後、2度の世界大戦を経験した人々は、「生存に値しない人間はいない」という考えにたち、すべての国民に人間らしい生活を保障することが20世紀の国家にとっての基本的課題となった。国連は1948年に世界人権宣言を採択し、第23条3項で「人間の尊厳にふさわしい生活」と規定している。これにより国際的に生存権が普遍化したのである。戦後多くの資本主義国は、憲法上に生存権を明記する、しないにかかわらず、社会保障・社会福祉を整備し、生存権を実体として保障してきた。

以上のように人間としての生活を脅かす社会的危機が存在するなかで生存権は必然的に生み出されてきたものである。

第3節 日本国憲法第25条の生存権規定

1946（昭和21）年に制定された日本国憲法は、第25条で国民の生存権と国の保障義務を「すべて国民は、健康で文化的な最低限度の生活を営む権利を有する」、「国は、すべての生活部面について、社会福祉、社会保障及び公衆衛生の向上及び増進に努めなければならない」と規定している。

このように日本の社会福祉・社会保障は日本国憲法第25条に基づき、生活保護法、児童福祉法、身体障害者福祉法、老人福祉法等の社会福祉に関する法律や、国民健康保険法、国民年金法、雇用保険法等の社会保険に関する法律により具体的に生存権を保障している。

【引用文献】
1）大須賀明『生存権論』日本評論社　1984年　pp.3－5

【参考文献】
有倉遼吉・長谷川正安編集代表、大須賀明編『文献選集　日本国憲法〈7〉生存権』三省堂　1977年
古賀昭典編『新版　社会保障論』ミネルヴァ書房　2001年
庄司洋子・木下康仁・武川正吾・藤村正之編『福祉社会事典』弘文堂　1999年
社会福祉辞典編集委員会編『社会福祉辞典』大月書店　2002年

▶第2講　社会福祉・社会保障とは

▶はじめに

　社会福祉・社会保障の基本理念である生存権について学んだうえで、本講では社会福祉・社会保障についてどのように考えられてきたのかを学ぶ。

　社会福祉や社会保障という言葉はよく耳にするが、その意味やどのようなことを示しているのかわからないことが多いのではないだろうか。実は、社会福祉・社会保障という言葉は戦前の日本にはなかった言葉である。日本国憲法第25条で初めて明記されたのである。

　私たちはいつの時代においても働き収入を得て生活しているが、病気・失業・障害など自分だけの力では解決することが難しい問題を抱える可能性がある。社会福祉・社会保障とはこれらの生活問題に対する社会的な予防策、解決施策、社会的な援助方法としてつくられ、発展してきた。

第1節　「社会福祉」の概念

1 ――「社会福祉」という言葉

　日本では「社会福祉」という言葉は、日本国憲法で初めて明記された言葉である。歴史的経緯のなかで、社会事業*1などという言葉が用いられていた。一番ヶ瀬は、社会福祉という言葉は日本国憲法に明記されたが、日常の言葉として定着するのは1960年代に入ってからであり、安保闘争が終わった1960（昭和35）年の総選挙で各政党が社会福祉についてさまざまな提案をし、選挙の争点となり、マスコミなどで大きく取り上げられ、国民のなかに浸透したと述べている。

＊1　社会事業
第Ⅰ部5講p.40参照。

2 ――社会福祉学における概念

　社会福祉の研究分野は広く、学問として社会福祉の概念が追究されてきている。ここでは、社会福祉歴史研究から社会福祉理論を考えた一番ヶ瀬康子、実証研究を基にする貧困研究の第一人者であった江口英一の概念を紹介する。

　一番ヶ瀬は、社会福祉とは歴史のなかでつくられ、創り出すものであり、

概括して福祉をめぐるところの社会方策あるいは社会的努力であると考えると述べている。「福祉」については「単なる主観的な心情としてとらえるのではなく、主体的に人間らしく生きる権利（日本国憲法第13条）の基盤、機会、条件であり、日常の暮らしの中での必要への努力、それが『福祉』であり、それに対して社会的に生まれてきた対応が、社会福祉とよばれてきたものであることをまず認識しましょう」[1]としている。その概念について「社会福祉がたんなる目的概念、また活動の方法としてのみ存在するのではなく、いまやその名を附した社会的実体として存在している制度でありまた政策であることを、そしてその制度、政策を対象として社会福祉学は展開されつつある」[2]としている。

江口は、社会福祉について「個別的世帯内的原因に発しながら、社会的なものを通して、『国民的最低限』以下の状態、『容認できない』不公平・不平等のプロセスを通じて、はめこまれているところの『剥奪』と『収奪』の状態におかれている人びと、すなわち日本ではこれまで用いられてきた言葉によれば『権利』を奪われ、生活破壊の状態におちいっている人に『権利』を回復し、貧困の状態から脱出させるべくおこなわれる諸活動、そのための諸制度」[3]と述べている。

2人の研究者の概念から、「社会福祉とは権利であり、時代のなかでつくられてきたもの、目的概念ではなく社会的実体としての制度、政策であり、権利を回復するための諸活動、諸制度であること」という点を学ぶことができる。今までの自分の理解、イメージと比べてほしい。

第2節　社会保障（social security）の定義

「社会保障」は social security の訳である。各国において社会保障という言葉は用いられているが、その定義、範囲は必ずしも同じではない。ここでは、社会保障とは何かを代表的な社会保障の定義から学ぶ。

1 ── ILO『社会保障への道』

初めに、社会保障を国際的に広めたとされる ILO（International Labor Organization〔国際労働機関〕）の定義をみることとする。ILO は1942年に『社会保障への道』を発表した。そこでは、「社会保障は、社会が適切な組織を通じて、その構成員がさらされている一定の危険に対して与える保障である。これらの危険というのは、本質的には、僅かな資力しかもたない個人が自己

の能力或は思慮のみでは或はまた家族員との私的な協力をもってしても有効に対処しえない事故をいうのである。これらの事故の特性は、労働者の自己ならびにその被扶養者の健康と体面維持能力を危険におとしいれるという点である。従って、国家がその市民の一般福祉のために存在する市民の共同体である以上、社会保障の促進は国家の固有の機能である」[4]と述べている。

2 ベヴァリッジ報告『社会保険および関連サービス』

次に第二次世界大戦後の福祉国家形成に大きな影響を与えたとされるイギリスのベヴァリッジ報告をみる。

ベヴァリッジ（W. H. Beveridge）は、「社会保障の範囲」として「ここでいう『社会保障』とは、失業、疾病もしくは災害によって収入が中断された場合にこれに代わるための、また老齢による退職や本人以外の者の死亡による扶養の喪失に備えるための、さらにまた出生、死亡および結婚などに関連する特別の支出をまかなうための、所得保障を意味する」[5]と述べている。これは国家の再建を阻む5つの巨人[*2]のうち窮乏に対するものとしている。

この報告書で述べられているベヴァリッジの計画は、社会保険を中心とし、公的扶助は社会保険を補足するものである。社会保険については、「6つの基本原則」として、「均一額の最低生活費給付、均一額の保険料拠出、行政責任の統一、適正な給付額、包括性、および被保険者の分類」を示している。

ベヴァリッジは、所得保障の前提として児童手当、国民保健サービス法による医療保障、雇用維持・大量失業の回避をあげている。

*2 5つの巨人
　窮乏、疾病、無知（不十分な教育）、陋隘（不十分な住環境）、無為（失業）とされ、疾病に対しては国民保健サービス法、無知に対しては教育法、陋隘に対しては住宅法や家賃統制法、無為に対しては完全雇用政策がとられた。

3 世界人権宣言

すべての人間が基本的人権をもっていることを宣言したのが世界人権宣言（1948年）である。第1条は、「すべての人間は、生まれながらにして自由であり、かつ、尊厳と権利について平等である」とし、第22条は、「すべて人は、社会の一員として、社会保障を受ける権利を有し」、社会保障の内容について第25条は、「衣食住、医療及び必要な社会的施設等により、自己及び家族の健康及び福祉に十分な生活水準を保持する権利」「失業、疾病、心身障害、配偶者の死亡、老齢その他不可抗力による生活不能の場合は、保障を受ける権利を有する」としている。

4 ── 日本の社会保障制度審議会勧告

　戦後日本の社会保障の形成において重要な指針を与えたのは1950（昭和25）年の社会保障制度審議会「社会保障制度に関する勧告」（1950年勧告）である。

　1950年勧告は、「日本国憲法第25条は、（1）『すべて国民は健康で文化的な最低限度の生活を営む権利を有する。』（2）『国は、すべての生活部面において社会福祉、社会保障及び公衆衛生の向上及び増進に努めなければならない』と、規定している。（中略）これは、わが国も世界の最も新しい民主主義の理念に立つことであって、これにより旧憲法に比べて国家の責任は著しく重くなったといわねばならぬ」[6]と述べ、社会保障を次のように定義している。「いわゆる社会保障制度とは、疾病、負傷、分娩、廃疾、死亡、老齢、失業、多子その他困窮の原因に対し、保険的方法または直接公の負担において経済保障の途を講じ、生活困窮に陥った者に対しては、国家扶助によって最低限度の生活を保障するとともに、公衆衛生及び社会福祉の向上を図り、もってすべての国民が文化的社会の成員たるに値する生活を営むことができるようにすることをいうのである」[7]とし、「このような生活保障の責任は国家にある」[8]としている。この1950年勧告をもとに戦後日本の社会保障制度は整備されてきた。

第3節　社会保障の要件

　ILO、イギリスのベヴァリッジ報告、そして日本における1950（昭和25）年の社会保障制度審議会「社会保障制度に関する勧告」から社会保障の定義を学習した。そのなかで明確になっていることは、国家が国民生活を保障することであり、そのためのしくみを社会保障制度と総称していることである。

　国民生活を保障するしくみはいろいろあるが、社会保障の要件として次の3点をあげることができる。第1は「国家責任」、第2は「すべての国民の生涯を対象とする」、第3は「最低生活保障」である。

1 ── 国家責任

　資本主義社会において国民一人ひとりは自分の生活に責任をもつ、つまり自己責任の原則のもと生活をしている。その原則に対して、国家が生活保障を行うという意味は大きなものである。

なぜ国家が国民の生活を保障することになったのか。19世紀の終わりごろまでは国家が国民の生活を保障することはなかった。しかし、資本主義が発展するなかでしだいに生活困窮、あるいは生活を不安定にする原因は社会にあることが明らかになり、社会改良の施策が行われていた。その後、多くの国において第二次世界大戦後の国民生活は窮乏し、混乱していた。このとき、国の責任で国民生活を守ることにより国を建て直していくことは当然のことであった。そうしなければ、戦後の国民生活は回復しなかったに違いない。2度の世界大戦の経験から、国の責任と負担のもとに国民生活を保障することが国の第一の責務であると考えられ、社会保障を進めた福祉国家をつくることに努力したのである。

　資本主義社会の原理は私有財産制度と自由競争であり、合法的な枠組みのなかであれば、どのようにお金を得て、豊かな生活を営んでいてもかまわない。しかし、そのような社会では貧富の差が拡大し、同じ国民でありながら生活水準に差が開きすぎて社会の安定がとれなくなることがある。そこで、社会保障によりできるかぎり等しい生活水準を維持できるようにしなければならなかったのである。このように考えると、国家がその責任と負担において行うことが社会保障であるといえる。

2──すべての国民の生涯を対象

　それでは社会保障の対象はどのような人々であるのか。歴史的にみると、どの時代でも貧しい人々に対して慈善・救貧としての救済が行われていたが、その対象はきわめて限定されていた。また、家族・親族・地縁による私的な相互扶助も行われていたが、その対象は自分の家族・親戚、あるいは同じ地域住民に限定されていた。いずれにしても、ある条件をもった特定の人々が対象であった。

　第二次世界大戦後の国民生活の混乱を再建する使命をもった社会保障は、すべての国民の生涯を対象とした。慈善や救済との違いである。

3──最低生活保障

　それでは最低生活とはどのような水準・内容を考えればよいのであろうか。単に「肉体を維持できる程度、生理的な最低生活」と「今日の社会の一員として社会生活を送ることができる最低生活」がある。いうまでもなく、社会保障が保障する最低生活とは後者の社会的・文化的な最低生活である。この最低生活を考えるために2つの考えを紹介する。

(1) シドニー&ベアトリス・ウエッブ『産業民主制論』（1897年）

　イギリスのウエッブ夫妻（S.Webb & B.Webb）は『産業民主制論』において、ナショナル・ミニマム（national minimum）を提唱した。日本では「国民的最低限度」と訳されている。ウエッブ夫妻の考えは、当時のイギリス救貧法のように「劣等処遇の原則」[*3]ではなく、すべての国民にこれ以下があってはならない水準を保障すべきであると提唱した。その内容と水準は、最低賃金、労働環境、衛生面、また児童については一人の市民として生活できるような生活・教育水準を含むなど総合的なものである。

> *3　劣等処遇の原則
> 第Ⅰ部3講 p.30参照。

(2) ベヴァリッジ報告

　イギリスの社会保障は所得保障を意味していると学んだが、その水準についてベヴァリッジは「ミニマムまでの所得保障」（"Security of income up to minimum"）と表現している。「最も低い」（lowest）ではないことに留意しなければならない。

　ウエッブ夫妻、ベヴァリッジの考えから、最低生活とはナショナル・ミニマムであることがわかる。つまり、すべての国民にとってそれ以下があってはならない水準と内容である。

第4節　社会保障の前提条件

　社会保障は国家による国民の生活保障であることがわかったが、社会保障だけで完結することはできない。社会保障の前提条件として、「最低賃金制度」「完全雇用」「住宅」が必要である。最低賃金制度とは一定以下の賃金で他者を雇用してはいけないことであり、最低賃金の水準は生活が成り立つ水準であることはいうまでもない。完全雇用とは、働き得る人が働くことができることである。住宅とは、すべての人は誰にも支配されない住宅から仕事にでかけて、その賃金で生活を成り立たせることができるという意味である。つまり、自己責任を果たすことができる条件である。

第5節　社会保障の機能

　社会保障の機能、役割には①生活保障、②所得再分配、③社会の安定と経済の安定・成長があるといわれている。

1 ── 生活保障

　私たちが暮らしていくうえで、失業、傷病、老齢、退職、死亡など生活を脅かす、あるいは生活を困難にする危険、リスク（生活事故）がある。生活保障とは、これらのリスクに対して生活の安定を図り、生活を保障することである。すべての国民を対象として「ゆりかごから墓場まで」に示されるように生涯にわたり生活を保障する役割である。いうまでもなくその水準はナショナル・ミニマムでなければならない。

2 ── 所得再分配

　資本主義社会の自由経済・市場経済のもとでは、個人の所得は基本的には生産活動に対する対価として報酬を得ている。私たちは、この所得（賃金）を用いて生活に必要なモノやサービスを購入している。しかし、市場経済に任せていると所得格差が大きくなる。そこで、社会保障制度は、市場経済を通して分配された所得に対して国が税金、社会保険料を課すことで得られた財源を用いて、年金・生活保護などの現金給付、医療・保育・介護サービスなどのサービス給付を行い、生活水準の格差を縮小している。賃金などの形で分配された所得をもう一度分配することになるので「所得再分配」と呼ばれている。

3 ── 社会の安定と経済の安定・成長

　社会保障は個人に十分な所得があるときに税金、社会保険料として拠出させて消費を抑え、傷病・失業など所得が減少したり、中断したときに給付を行って生活を支え、消費を助ける。社会全体でみた場合も、景気が良くて所得が増えたときに消費を減らし、景気が悪く消費が減ったときに消費を増やす効果があるといわれている。

　さらに、社会保障は第1・2項でみたように所得格差を是正し、生活困難・貧困を予防し、必要な給付を行うことで人々は安心感を得ることができる。人々は、社会保障が充実していることにより病気、失業、老後の生活を心配しないで、生活の見通しをもって仕事や生活をすることができる。これにより国民の政治・経済に対する不満を緩和し、社会経済を安定化させることができる。

第6節　社会保障の体系と二段構えの生活保障

　世界各国は社会保障制度を有している。社会保障の体系として①雇用保障、②住宅保障、③教育保障、④医療保障、⑤所得保障（含む社会扶助）、⑥公的扶助、⑦社会福祉サービスがある。主な方法として公的扶助と社会保険がある。図Ⅰ－2－1は、日本の社会保障制度を目的別に示したものである。

1 ── 公的扶助と社会保険の機能

　救貧法から発展した公的扶助は、現時点で自分の力で自立した生活を営むことができない人々に対して最低生活費を保障するものである。したがって、対象は生活困窮者、貧困者である。保障内容は最低生活費、つまりナショナル・ミニマムでなければならない。財源はすべて租税による。給付を受ける場合、一定の所得以下であることを証明する資力調査（ミーンズ・テスト）を受けなければならない。給付期間は、貧困が解決するまでである。給付は、本人からの申請により開始される。

　ここで留意しなければならないことは、救貧法との決定的な違いである。救貧法は生活困窮者、貧困者の権利、生存権は認めておらず、その内容は「劣等処遇の原則」によるものであった。しかし、社会保障の公的扶助は、必要とするすべての国民を対象として、権利として最低生活費を保障するものであり、内容はナショナル・ミニマムである。この点の理解は大変重要である。

　社会保険は、国が所掌する組織（保険者）にあらかじめ加入し、保険料を納めることで、病気、失業等の何らかの「保険事故」がおきたときに半ば自動的に、定められた給付を受けるものである。財源は主に加入者からの保険料と国庫負担による。社会保険に加入し、保険料を納めている本人とその扶養家族は給付を受ける資格、権利がある。社会保険への加入は法律により強制加入である。給付水準は賃金（所得）に応じた比例制であるが、均一額の場合もある。給付期間は、有期のものが多い。

　社会保険に加入しておくことで何らかの保険事故がおきたときに生活水準を低下させることを防ぐことができる。いわば予防的機能（防貧）を有している。これに対して、公的扶助は事後的機能（救貧）を有している。

図I-2-1 日本における目的別社会保障制度の体系

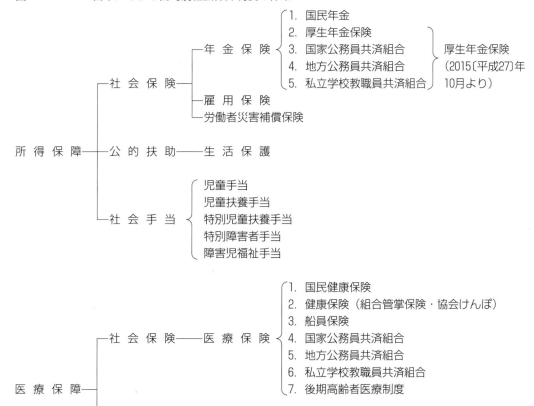

介護保障————介護保険、生活保護、老人福祉等

公衆衛生
および医療
- 一般保健サービス
- 医療対策・薬事対策
- 環境保健
- 学校保健
- 労働衛生

社会福祉————生活保護、老人福祉、児童家庭福祉、母子福祉、身体障害者福祉、知的障害者福祉、精神障害者福祉等

出典:平山朝子・宮地文子編『保健福祉行政論(第3版)』日本看護協会出版会 1999年 p.143を一部改変

2──二段構えの生活保障―公的扶助と社会保険―

このように社会保険による予防的機能（防貧）と公的扶助による事後的機能（救貧）を組み合わせることによって、今現在貧困な状態にある国民については最低生活の水準まで生活水準を引き上げることになり、それ以上の生活水準にある国民については、最低生活水準まで低下することを防止することになる。

社会保険に加入している国民が多いほど、そして社会保険が十分に強化されていれば、貧困状態になり、公的扶助を必要とする者が少なくなるという考えである。このように、社会保障は予防的機能と事後的機能の二段構えで国民の生活を保障していこうとしており、主な狙いは貧困への予防（防貧）であるといえる。

【引用文献】
1) 一番ヶ瀬康子・遠藤興一・宮田和明・河野正輝・花村春樹・田端光美・小笠原祐次・大友信勝『社会福祉入門』有斐閣　1979年　p.3
2) 一番ヶ瀬康子『現代社会福祉論』時潮社　1971年　p.42
3) 江口英一編『社会福祉と貧困』法律文化社　1981年　p.28
4) 厚生大臣官房総務課『社会保障への接近―I.L.O.研究報告書』厚生大臣官房総務課　1951年　p.15
5) ウィリアム・ベヴァリッジ、山田雄三監訳『社会保険および関連サービス―ベヴァリジ報告』至誠堂　1975年　p.185
6) 社会保障研究所編『日本社会保障資料Ⅰ』至誠堂　1975年　p.188
7) 前掲書6　pp.188−189
8) 前掲書6　p.189

【参考文献】
一番ヶ瀬康子編『新・社会福祉とは何か（改訂版）』ミネルヴァ書房　2001年
一番ヶ瀬康子編『現代の社会福祉』春秋社　1976年
一番ヶ瀬康子・真田是編『社会福祉論（新版）』有斐閣　1975年
佐口卓『社会保障概説（第3版）』光生館　1999年
シドニー＆ベアトリス・ウエッブ著、高野岩三郎監訳『産業民主制論（復刻版第3版）』法政大学出版局　1990年
厚生労働省『平成24年度版厚生労働白書』日経印刷　2012年
佐藤進『エッセンシャル　社会保障論（第2版）』法律文化社　2003年
高島進『社会福祉の歴史　慈善事業・救貧法から現代まで』ミネルヴァ書房　1995年

第3講 イギリスにおける救貧法の歴史と「貧困の社会的発見」

▶はじめに

　社会福祉・社会保障は歴史的に形成されてきたものである。その歴史、発展過程を学ぶことでどのような社会状況、社会問題、社会的矛盾により必要とされ、形成されてきたのかを理解する。それにより、今日の社会においての社会福祉の果たすべき役割を考えていく。
　本講ではイギリスにおける救貧法の歴史を学び、問題をどのようにとらえ、解決しようとしたのか、対象となる人々をどのように扱ったのかなどを通して、権利としての社会福祉が確立していく過程を具体的に理解する。

第1節　社会福祉の発展過程

　社会福祉・社会保障は歴史的に形成されてきたものである。ただその発展のありようは、それぞれの国の資本主義経済の発展過程や、労働者階級・市民社会の形成のあり方によって異なっている。

　どのような社会、時代においても人々は生活の糧を得るために働き、自らの労働力と家族の生活を再生産してきた。この生活の営みが不安定になったのは各国の資本主義社会、特に産業革命による工業化社会により大きく変化した。こうした人々の生活を支えるために社会福祉・社会保障はつくられてきたが、大きな流れとして、貧困対策としての救貧法から近代公的扶助への流れと、労働者相互扶助組織から社会保険への流れの2つがある。

　社会福祉の発展について、高島はイギリスを中心にとらえながら、19世紀末までの「救貧法と慈善事業の段階」、20世紀初頭からの「自由党の『社会改良』」と「社会事業」の段階、1940年代の「第二次世界大戦下および戦後の福祉国家改革とその一環としての『社会福祉』の段階」[1]としている。

　ここでは貧困対策としての救貧法から近代公的扶助の流れをみる。慈善事業から社会福祉への発展過程は、名称の変化だけではなく、問題の認識の変化、援助方法の社会性、つまり公的責任、根拠となる法律・制度、財政、具体的なしくみ、援助の専門性などが変化している。

第2節　イギリスにおける救貧法の歴史

1——イギリスにおける救貧法の歴史を学ぶ意義

　イギリスは世界でもっとも早く資本主義が発展し、その発展に対応しながら救貧法が発展していった。その350年の歴史から公的救済制度の生成、確立、発展、変容をみることができる。救貧法は後に公的扶助制度へと発展していくが、公的扶助制度にあるスティグマ（恥辱）*1の払しょくに努力している点でも学ぶ意義は大きい。

*1　スティグマ
　古くは烙印を意味していた。今日では、貧困、疾病、人種、宗教などの理由により社会を構成している集団から差別、人権侵害、迫害を受け否定的な価値を付与されることを意味する。

2——封建社会の弛緩とエリザベス救貧法（旧救貧法）

　イギリスにおいても古くから人々は助け合って暮らしていた。生活困窮に対して初めて社会が関与したのが「エリザベス救貧法」である。救貧法とは法の名称の通り、生活困窮者、貧困者を救済する法律である。

(1) エリザベス救貧法の背景

　封建社会では、領主と農奴による村落共同体の相互扶助により自然災害、伝染病などによる生活困難を救済していた。また、修道院を基盤とする教区単位の宗教的慈善が救済の中心であった。
　しかし、15世紀から16世紀後半になると農業の資本主義化がおこり、「囲い込み運動」*2により牧草地の囲い込みが行われた。零細自作農は土地を奪われ、これらの自作農は職を求めて浮浪化し都市へ流入した。加えて冷夏による凶作で飢饉がおこり、農民の浮浪化に拍車をかけた。一方、宗教改革は修道院の解体を招いた。浮浪化する農民に対して定住法による帰農政策がとられたが、効果はあがらなかった。
　イングランドのエリザベスⅠ世（Elizabeth I）は、大量の都市浮浪者の存在と治安維持のために「社会が責任の一端を引き受けざるを得ない」として、従来のさまざまな貧民に対する法律を集大成し、1601年にエリザベス救貧法が成立した。

*2　囲い込み運動
　15世紀後半から19世紀にイギリスでおこった運動。羊毛工業の発展により、牧羊が土地を耕作するより有利になったため、領主・地主が土地（公益地・耕地）から農民を追放し、生垣で囲ったとされる。第一次囲い込みのピークは15世紀から17世紀にかけて、第二次囲い込みは18世紀から19世紀とされている。

(2) エリザベス救貧法の救済方法

　エリザベス救貧法は救済の対象を「働ける貧民」（able-bodied）（働ける身体をもった貧民）、「働けない貧民」（non able-bodied）（高齢者・障害者・病人）、児童（孤児・棄児・親が養育できない児童）、に分類した。教区を単位

として、貧民監督官や徴税官が治安判事のもと、救済に必要な費用を救貧税として教区民に課税した。これをもとに働ける貧民は「労役場」（workhouse）で仕事の場と資材を与えて働かせ、児童は教区徒弟奉公に出し、働くことのできない貧民は「救貧院」（poor house）へ収容し、衣食を提供した。働かない怠け者とみなされた貧民は「矯正の家」（house of correction）で鞭打ち等の刑罰を受けた。教区に定住権を有しているものだけを対象として、教区以外の貧民に対しては無慈悲な扱いをしたとされている。

3 ── 18世紀における救貧法の変容

　市民革命後の18世紀、資本主義は国家の重商主義政策の手厚い保護を受けて急速に発展した。資本主義が本格化するにつれて、救貧法は一期間、厳格に適用される方向をとった。しかし、そのなかでも運用にいくつかの紆余曲折があった。18世紀終盤、フランス革命の勃発によるフランス農業の荒廃によって、穀物輸入国であったイギリスの穀物価格が高騰し、パンの値段の急騰を招いた。農業労働者のなかには賃金の範囲では食料を買うことができない者が多数生まれ、南イングランドのスピーナムランドではこの問題に対応するために、パンの値段が上昇した分だけ救貧税から賃金を補助するしくみを始めた。この「スピーナムランド制」は、翌年の1796年に「ヤング法」として全イングランドで施行されるようになった。

4 ── 産業資本主義の確立と新救貧法の成立

(1) 新救貧法（改正救貧法）の背景

　18世紀半ばから19世紀の産業革命により機械制大工業が経済の中核的位置につき、産業資本主義の確立を迎えた。「世界の工場」としての地位を得たイギリスの資本家たちは自由な利益追求を望み、国家の干渉を嫌った。人々は働きさえすれば自助ができ、自助ができないものは無能力か、怠惰であると考えられた。国家の干渉は最小限にとどめるという考え方が、新興ブルジョワジーの経済活動を支持する基本原理となった。これが古典派経済学者のアダム・スミス（A. Smith）による「自由放任主義」（laisserz-faire）、「夜警国家」論である。

　一方、機械制大工業の生産は熟練職人から職を奪い、女性と児童の労働を一般化した。また「第二次囲い込み運動」により農民の賃金労働者化を促進した。労働者は都市の不衛生な住宅に密住し、低賃金、長時間労働により資本家の搾取に苦しみ、著しい貧富の差が生まれ、新たな貧民の増加となった。

こうした産業資本主義確立期に救貧法の改正が行われ、1834年に新救貧法が成立した。

新救貧法は、貧困の原因を怠惰、浪費、悪習の個人の道徳的問題に一元化した。法の背景には当時のマルサス（T. R. Malthus）、リカード（D. Ricardo）、チャドウィック（E. Chadwick）らの経済哲学がある。マルサスは『人口論』のなかで、貧困は食料（農産物）を上回る人口増加という自然的傾向の結果であり、救貧法による救済は貧困を増大させると救貧法の廃止を主張し、新救貧法の成立を促進したとされる。もし全廃できないのであれば「受給を恥と考えさせるように救済を組織化すべきとした」[2]。

(2) 新救貧法の原則

新救貧法は３つの原則を掲げた。第１は、救済の内容は、救貧法委員会が全国統一で行うとした。第２は、救済の水準は「劣等処遇の原則」（less eligibility）とした。劣等処遇の原則とは、救済を受けている者の生活を外見上も実質も、最下層の自立している労働者の生活や労働条件以下に押しとどめることを意味している。第３は、労働能力のある貧民の在宅救済を禁止し、労役場に強制収容することに限るとした。

このように、劣悪な処遇の救貧院に入ることを承諾した者だけを、真に困窮している者とみなし、労働能力のある者の救済を明確に拒否した。これにより、真に必要な人々を新救貧法から遠ざけ、救貧税の大幅な削減に役立った。新救貧法は資本主義社会では労働者の自助には限界があり、失業、病気による生活困窮が生ずることをみていなかった。

小説家のディケンズ（C. Dickens）は新救貧法の惨状を1838年に出版された小説『オリヴァー・ツイスト』に描いて中産階級の人々に訴えた。この小説から私たちは、「劣等処遇の原則」の実際を学ぶことができる。

この時期には、新救貧法と社会的矛盾をうめる方法として慈善事業が推奨されたが、受け手に感謝を強いることから、受け手から歓迎されたわけではなかった。

第3節　独占段階への移行と貧困の発見

1 ── 独占段階への移行と大不況

19世紀後半以降の先進諸国では独占資本が確立し、少数の大国による植民地支配の時代に入った。帝国主義時代の幕開けであり、資本の集積・集中の

結果、少数の大企業が市場を支配するようになった。これは資本主義の「独占段階」とも呼ばれている。イギリスの一国市場支配は終わりをつげ、長期の不況に見舞われた。これにより貧困を個人的原因とする考え方を見直す契機となった。

2 ── 2つの社会調査による「貧困の社会的発見」と貧困観の転換

　ブース（C. Booth）とラウントリー（B. S. Rowntree）が実施した2つの社会調査による「貧困の社会的発見」により、マルサス的貧困観は転換した。

(1)　ブースのロンドン調査『ロンドン市民の生活と労働』（1886～1901年）
　ブースはロンドンにおいて、「社会階層」（social class）という方法を用いて調査を行い、一定の職業と結びついた貧困階層の存在を明らかにし、貧困階層が全市民の約30％にも上っていることを証明した。さらにブースは貧困原因を調べ、就労は規則的であるが賃金が低いこと、波止場労働者（ドック・レーバラー）に代表されるように、賃金率は低くはないが就労が不規則・不安定であることにより貧困に陥っていることを明らかにした。その割合は貧困層の70％を占めていた。
　この結果は王立統計協会でブース自身によって報告され、当時のイギリス知識階級、政治家に大きな衝撃を与えた。

(2)　ラウントリーのヨーク市調査『貧困－都市生活の研究』（1901年）
　ブースの調査結果に影響を受けた知識人の一人にラウントリーがいた。ラウントリーは、栄養学をもとに食料費を軸として、労働者の家族が「肉体的能率」（physical efficiency）を維持するに足る1週間当たりに必要な「最低生活費」（subsistence level）を「貧困線」（poverty line）として世帯規模別に算出し、ヨーク市の全世帯に1軒ずつ当てはめて測定した。ラウントリーは、「第一次的貧乏」を「その総収入が、単なる肉体的能率を保持するために必要な最小限度にも足らぬ家庭」、「第二次的貧乏」を「その総収入が、（もし、その一部が他の支出—有用無用を問わず—に振り向けられぬ限り）単なる肉体的能率を保持するに足る家庭」[3]と定義した。
　ここで留意しなければならないことはラウントリーが考えた生活費は都市労働者の生活費であることである。例として成年男子の衣服について、一年中を通して「絶対に必要な衣服を買うための最も安い費用」には条件があると述べ、「健康をそこなう程度のものであってはならない」、次に「あまりにもみすぼらしいために、ひとなみの職業を得ようとするときに、それが邪魔

になるような程度のものであっても困る」[4]としている。

　調査の結果、「第一次的貧乏」にあるものは人口の9.9%、「第二次的貧乏」にあるものは17.9%であり、ラウントリーは「人口の約30%（27.84%）が貧乏生活をしているということは、社会的に重大な意義を持つものといわねばならない」[5]と述べ、第一次的貧乏の直接的原因のなかでもっとも多いのは「低賃金」の51.96%、次いで「家族員の多数」の22.16%、「主たる賃金所得者の死亡」の15.63%であることを明らかにした。さらに、労働者は失業、病気などにならなくても、その生涯において3度「最低生活費」以下の生活水準、貧困に陥ることを明らかにした（図Ⅰ-3-1参照）。

＊3　マーケット・バスケット方式
　第Ⅲ部5講 p.156参照。

　このラウントリーの研究方法は後に「マーケット・バスケット方式」＊3として最低生活費の算定方法に至るが、貧困に関する最初の客観的・科学的研究として高い評価を得ている。

　この2つの偉大な社会調査により、長く個人の問題としてみなされてきた貧困問題は、低賃金、不規則・不安定就労による社会的問題であり、社会的に克服されるべき課題であることが明らかになった。「貧困の社会的発見」である。

図Ⅰ-3-1　労働者のライフサイクル

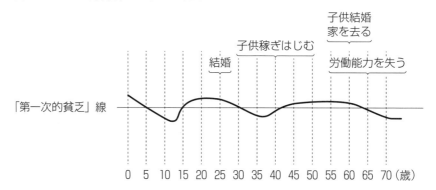

出典：B.S ラウントリー、長沼弘毅訳『貧乏研究』千城　1975年　p.152を一部改変

3── 「救貧法および失業に関する王命委員会」での検討（1905～1909年）

　ブースとラウントリーの社会調査結果により、救貧法の再検討の必要性が叫ばれるようになった。そこで、政府は、「救貧法および失業に関する王命委員会」を設置した。検討結果は、多数派意見と、少数派意見としてまとめられた。両報告は劣等処遇の原則の否定では一致したものの本質的な相違があった。

救貧行政関係者や慈善組織協会関係者を中心とする多数派は、救貧法の拡大と強化と人間化、つまり、労役場における求援抑制の廃止、院外救済の追認などを提案した。しかし、その一方で道徳的な貧困観に固執し、慈善事業と公的救済の統合、慈善事業の優先などを提案した。

　ウエッブ夫妻を中心とする少数派は、救貧法の解体、国民的最低限度（ナショナル・ミニマム）を保障すること、失業者への職業紹介、さまざまな生活リスクに対する予防的しくみを提案した。結局、どちらの意見も採用されず、救貧法は1948年の「国民扶助法」成立まで存続した。

4──自由党政府の社会改良政策

　20世紀初頭には保守党に代わり、自由党内閣が誕生した。大蔵大臣のロイド・ジョージ（D. L. George）を中心として多くの社会改良政策が実行に移された。貧困対策としては、「貧困児童の学校給食」の開始（1906年）、70歳以上の貧困高齢者を対象とした「老齢年金法（無拠出）」の制定（1908年）、失業者のための「職業紹介所」開設（1909年）、「国民保険法（第一部：健康保険、第二部：失業保険）」の制定（1911年）などがあげられる。

　このようにイギリスは「貧困の社会的発見」を契機に、福祉国家への歩みを開始することになった。

【引用文献】
1) 高島進『社会福祉の歴史―慈善事業・救貧法から現代まで』ミネルヴァ書房　1995年　p.7
2) 前掲書1　pp.49-50
3) 前掲書1　pp.97-98
4) B. S. ラウントリー、長沼弘毅訳『貧乏研究』千城　1975年　p.122
5) 前掲書1　p.132

【参考文献】
川上昌子編『新版　公的扶助論』光生館　2007年
唐鎌直義『脱貧困の社会保障』旬報社　2012年
R. J. クーツ、星野政明訳『イギリス社会福祉発達史―福祉国家の形成』風媒社　1977年
モーリス・ブルース、秋田成就訳『福祉国家への歩み―イギリスの辿った途』法政大学出版局　1984年

▶第4講　労働者相互扶助から社会保険へ
―失業・戦争と社会保障制度の成立―

> ▶はじめに
>
> 　本講ではイギリスを例に労働者相互扶助から社会保険への系譜を学ぶ。主な内容は、①労働者相互扶助組織による給付の実際、②イギリス型社会保険の実際である。失業・戦争に対してどのように社会保障を構想したのかを知る。

第1節　イギリスの労働者相互扶助組織―自助的共済―

　社会保障制度がない時代、賃金労働者はいつも失業のリスクをもち、病気で働けなくなると収入が途絶える、あるいは労働災害の危険性をもっていた。また、高齢になると働くことができなくなり、稼働収入を失う。こうした生活上の危険、リスクに対して自己責任の原則、自助の原則のもと、自分で備えておかなければならなかった。

　比較的ゆとりのある熟練労働者は、お互いに助け合う組織として友愛組合、相互扶助組合に加入し、組合費を支払い、病気など困ったことがおきたときは、組合から現金給付を受けることができた。1793年の「友愛組合法」の成立後は、国は一層相互扶助を推奨し、19世紀半ばには組合員は約100万人に及んでいた。

　こうした相互扶助組織の最大の給付は傷病時の手当金、死亡時の葬祭費であり、遺族・老齢年金、失業給付は不十分であった。特に、労働者にとって最大の問題である失業に対してはわずかな給付しか行われなかった。また組合の多くは小規模であり、運営自体不安定であり、組合員に不利益をもたらすこともあった。

　一方、下層労働者は、組合に加入できないか、仮に組合に加入していても、定期的に組合費を納めることはきわめて難しく、失効、資格喪失として扱われることが多く、生活に困ったときは自分で何とかしなければならなかった。19世紀になると救貧法で医療が行われ、救貧法の救済を受けている人々は、医師の診察を受けることができるなど、自立して働いている下層労働者との矛盾がみられた。

　19世紀後半の不況期になると、これらの相互扶助組織のなかには倒産する組織、財政危機に陥る組織もでてきた。労働者のなかには組合費を支払うこ

とができず資格を失う者、給付金額が低いために医療費を支払うことができない者、失業したときにまったく給付がない者など、労働者が相互に助け合うことの限界が明らかになってきた。

この時期は救貧法による救済の限界とともに、国家による強制社会保険の必要性が認識されてきた。

イギリス型社会保険の形成

1──国民保険法（第一部：疾病保険、第二部：失業保険）の成立

20世紀初頭のイギリスは社会改良の時代といわれる。1905年に行われた総選挙により保守党に代わり自由党が政権についた。1906年以降の自由党による社会改良政策は第Ⅰ部3講でみた通りである。その一環としてイギリスは初めての社会保険制度である、「国民保険法」を1911年に成立させた。国民保険法は、第一部を疾病保険、第二部を失業保険とし、財源を国、使用者、労働者の三者で負担し、国が保険を管理するしくみであった。この失業保険は国レベルでは世界初の導入であった。保険のしくみとして、工場法が適用されている労働者のみを対象として、同一額の保険料、同一額の給付を行うものであった。

この社会保険の成立は、自由放任主義的な貧困観の放棄を意味している。個人は働きさえすれば貧困は避けることができ、国は国民の生活に介入すべきではないという考えの否定である。従来の労働者が相互に助け合うしくみには限界があり、失業、疾病、老齢などによる生活上のリスクを誰にでも共通する社会的リスクとしてとらえ、国が社会的にあらかじめ備える制度にかかわることになった。

2──失業扶助の創設

1920年には失業保険を国民保険法から分離し、「失業保険法」とした。対象も農業労働者、家事使用人、公務員を除く全労働者と広げ、給付の充実も図った。ところが、第一次世界大戦終結による1920年代からの戦後恐慌で、失業者が急増し、失業保険財政は赤字となった。被保険者の失業率は1921年では17％であったが、1932年には22％に達した。大量の失業者に対応するため、イギリス政府は失業保険への財政支援を行い、給付期間も15週から16週へ延長した。さらに、世界大恐慌後の1934年には失業保険法改正により、失

業期間が26週までの失業者には失業保険、26週を超える長期失業者には失業扶助制度を創設した。失業扶助とは失業保険の受給資格のなくなった者に対して、資産調査のうえ給付を継続するものである。社会保険の限界を公的扶助が補完したともいえ、イギリスではこの失業扶助の流れが、公的扶助の形成につながっていった。

3──ベヴァリッジ報告と社会保障構想

　世界大恐慌に襲われた資本主義諸国は、第二次世界大戦へと突き進んだ。ここにはイギリスなどの先発資本主義諸国対、日本などの後発資本主義諸国、イギリス・アメリカなどの自由主義諸国対、日本・ドイツなどの全体主義諸国の対立と世界大戦への突入という構図があった。1941年にはアメリカのルーズベルト（F. Roosevelt）大統領とイギリスのチャーチル（W. Churchill）首相たち連合国首脳らは「大西洋憲章」に調印した。ここでは、資本主義経済の危機を乗り越えるために、ファシズム国家ではなく、福祉国家によって国民生活を再建することが選ばれた。

　この憲章を受けて第Ⅰ部3講でみたようにILOは『社会保障への道』(1942年)を発表した。さらに、チャーチルはベヴァリッジを委員長とする「社会保険及び関連サービスに関する委員会」を設置し、1942年『社会保険及び関連サービス』とする報告書がまとめられた(この報告書がいわゆるベヴァリッジ報告[*1]である)。

*1　ベヴァリッジ報告
第Ⅰ部2講p.19参照.

　ベヴァリッジは「ゆりかごから墓場まで」に示されるように全国民を対象として「所得の維持によって窮乏からの自由を獲得する」ことを福祉国家の目標とし、すべての国民が貧困に陥らないようナショナル・ミニマムを保障することを重視していた。

【参考文献】
高島進『社会福祉の歴史──慈善事業・救貧法から現代まで』ミネルヴァ書房　1995年
唐鎌直義『脱貧困の社会保障』旬報社　2012年
R.J.クーツ、星野政明訳『イギリス社会福祉発達史──福祉国家の形成』風媒社　1977年
モーリス・ブルース、秋田成就訳『福祉国家への歩み──イギリスの辿った途』法政大学出版局　1984年

第5講 日本における社会事業史
―東京都養育院120年の歴史―

▶ はじめに

本講は、日本を代表する社会福祉施設の歴史を通して日本の社会福祉の歴史を学ぶ。イギリスの「救貧法」にみたように、「自己責任の原則」「自助の原則」のもと、救済の対象は、働けない者、身寄りのない者、高齢者、障害者、親のない子どもなどに限定していた。そのために、施設に「収容」して救済を行うしか方法がなかった。このように、社会福祉の歴史は社会福祉施設の歴史と同じといえる。

施設がつくられた社会的背景、どのような人々が施設に入所したのか、施設ではどのように取り扱われたのか、施設を運営する基盤である財政、法制度はどのようなものであったのかを、確認しながら学ぶことにする。

第1節 日本の社会福祉前史

社会福祉は歴史的に形成されてきたことを学んできたが、日本の社会福祉も他の資本主義国と同じように歴史的に必要とされ、発展してきた。日本はイギリスなどに比べて、資本主義後発国であり、家父長制度が特徴とされている。

古くから日本においても地縁・血縁の相互扶助、天皇制国家による律令体制下の救済、奈良時代の皇室による施設保護*1、武家社会の封建制度による領主による救済などが行われていた。

日本の社会福祉は、日本における資本主義の生成期に当たる明治維新から1880年代前半の慈恵救済の時代、産業革命期から1910年代までの感化救済の時代、第一次世界大戦から第二次世界大戦にかけての社会事業の時代を前史としながら、第二次世界大戦後にその骨格が形成された。いうまでもなく、その基本理念は日本国憲法第25条の生存権の規定である。

前史の時代においていくつかの法制度が制定されたが、それらは主として貧困に関する法制度である。代表的な法律として1874（明治7）年に制定された「恤救規則」*2と、1929（昭和4）年に制定された「救護法」*3がある。

*1
8世紀ごろ元正天皇が興福寺に孤児や窮民を収容する悲田院、窮民に対する施療、施薬を行う施薬院を設けた。

*2 恤救規則
第Ⅱ部1講 p.58参照。

*3 救護法
第Ⅱ部1講 p.58参照。

第2節　「東京都養育院」120年の歴史

1 ――「東京都養育院」とは

　日本の社会福祉施設の原点、象徴といわれている「東京都養育院」は、戦前日本の社会福祉施設で最大規模の施設であった。1999（平成11）年に創立127年を迎えた「東京都養育院」は、特別養護老人ホーム、養護老人ホーム、軽費老人ホーム、老人専門病院、老人総合研究所を運営する東京都直営の高齢者総合福祉センターとして世界に例をみない施設であった。しかし、当時の都知事の行政改革のもと解体され、民間委託された。2017（同29）年現在は、地方独立行政法人東京都健康長寿医療センターが運営されている。

2 ――養育院開設のころ

(1) 養育院開設の背景

　養育院は、1872（明治5）年に創設された。当時は、鉄道の開設、学制発布の行われた年であり、まさに文明開化の第一歩が踏み出された年であった。その一方で、明治維新前の幕末の農村は窮乏化し、都市には貧困層が形成されていた。加えて明治維新の混乱で多くの生活困窮者が生み出されており、なかには極貧に陥り浮浪者となった人々もいた。当時の東京府はその救済策を営繕会議所（のちの商工会議所）に委託した。ロシア皇太子の来日を控えるなか、東京に浮浪している人々は帝都の恥として、その対応は急務であった。営繕会議所は「救貧三策」を答申し、その3番目で「廃疾・老幼の窮民への養育は当然」とした。この答申により浮浪者を1か所に収容したのが養育院の始まりである。実際に収容された人数は約250名であり、青壮年、未成年が多く、老年者は少なかった。ロシア皇太子の帰国後、東京府は収容者の処置に困り、本所、神田、上野と転々とする。

(2) 養育院の運営と財源

　1876（明治9）年に銀行家であった渋沢栄一が事務長（のちに院長へ改称）に任命され、養育院の基礎を固めたが、その実際は困難であった。創設のころの養育院は、営繕会議所のもと江戸時代における町民同士の相互扶助を命じた制度（「七分積金制度」）の残りの一部で財源を賄った。

　その後、渋沢が院長に就任すると東京府の管理となり、地方税により運営される。これに対して、東京府会において養育院廃止論が持ち上がった。当

時の識者である田口卯吉は、「税金で貧民を養育することは怠惰な民、惰民をつくる、それは公費の濫費であり、納税者への冒瀆である」と論じた。これは当時の日本の代表的自由放任主義の論調であるとされる。廃止論は強く、府からの資金は打ち切られた。これに対して、渋沢は、「貧民を公費で養うのは当然の行いであり、それは人の道、人道である。論語の仁の心に基づいた『仁政』である」と主張した。

その後養育院は府の直轄を離れ、若干の原資金に土地売却金を加えて、その存続を図った。あわせて、皇室による恩賜、篤志家の寄付によっていた。

1889（明治22）年、東京市制施行にともない、養育院は市に移管され、公費での運営となった。1896（同29）年には、移管をきっかけに大塚に移転した。

3──産業革命後の養育院

日本の資本主義は、日清戦争を経て1897（明治30）年以降の産業革命、日露戦争を経るなかで発展していった。大塚へ移転後の養育院は、しだいに増えてきた貧困に陥った人々の施設として大きな施設となった。当時の養育院は、孤児や窮民、行旅病人を救済するとされた。特に、この時期に増加したのが行旅病人であった。『養育院百年史』には、東京へ来てすぐ病気になり収容された人々、電車や機械（器械）の出現により仕事を奪われた「老車夫」「職人」が目立っていると述べられている。

日露戦争の軍需経済のもと、古い産業や、古い生産の仕方に従事していた人々は次々と失業し、特に病気になると、当時は医療保険制度、労働者災害補償保険制度、年金制度などがなかったため、結局養育院に身を寄せる人々が多かった。

大正時代に入っての養育院の食生活は、大人の場合、朝は米7分麦3分の粥とごま塩か漬物、昼は同じ飯に一汁、夜は同じ飯に煮つけ程度であった。また、入所者全員に同一の衣服が支給されていた。

養育院の特徴は、早期から入所者にあった処遇を行っていたことである。医療を必要とする者には医療を、仕事を必要とする者には職業を、子どもには教育に力を入れなければならないとして「救う」「育む」努力、つまり「救育」という事業を始める。視覚障害、言語障害のある児童の教育、結核による虚弱児の保養所、非行少年のための感化部、ハンセン病患者の隔離病室、結核患者の隔離病室などである。1909（明治42）年には子どもだけの施設を巣鴨につくった。

子どもへの保育を行う「保母」、病人への看病を行う「看護婦」などの専

門職の養成もこのころから行われている。

4──救護法施設としての養育院

(1) 日本における社会事業の成立

　第一次世界大戦は日本に未曾有の好況をもたらしたが、反面、物価高騰は人々の暮らしを苦しいものにした。特に米価の高騰に対しては、富山での人々の反対運動に端を発した米騒動が全国へ広がっていった。さらに、1923（大正12）年には関東大震災が発生し、生活困窮層が広がった。このような社会情勢のもと、貧困、生活困窮を社会問題として認識する見方も生まれ、救済行政の拡充が行われるなかで、従来の「慈善」ではなく「社会事業」という用語が一般化した。さまざまな社会改良事業が行われ、生活困窮を予防する事業、対象に必要な援助をより対象にあわせて行うことが始められた。

　養育院も単に生存を保障するだけではなく、職業紹介所をつくる、「救育」に一層力を入れる事業を次々と展開していった。事業が拡大したことによる収容者の激増と建物の老朽化のために、1922（大正11）年より板橋本院を建築し、移転した。

(2) 救護法のもとの養育院

　1929（昭和4）年、救護法が成立（1932〔同7〕年に施行）すると、養育院は救護法第6条に規定された「救護施設」（養老院、孤児院、病院、その他救護を目的とする施設）として位置づけられ、救護費によって運営された。1930年代の養育院は「大部屋雑居」であり「50畳敷ほどもあろう大部屋で、低い天井、低い窓、裸電球1か所」であった。そのなかでも職員はさまざまな努力をしていた。60歳以上の高齢者を一般壮年者と混合収容することは忍びないとして、専用の施設を設け、食器は瀬戸物を用いて自由な分量を食べることができるようにし、入浴は週3回、健康状態については、看護人の観察以外に回診が行われた。

5──第二次世界大戦時下の養育院

　第二次世界大戦中の養育院の状況は悲惨であった。入所者のうち体の壮健な者は出征、または工場に徴用された。職員も出征させられ、残った入所者は、高齢者、児童、障害のある人々であった。当時、すべての国民の生活は統制され、食料等は配給によっていた。養育院への配給は、他の市民より少なく、そのために病気や栄養失調となり、多くの入所者が亡くなった。当初

配給米は1日1人400グラムであったが、1941年は330グラム、1日のエネルギーは1,155キロカロリー、その後配給米は297グラムと減少した。職員は努力したが、1945（昭和20）年には1年間で入所者の3分の1が栄養失調等で亡くなった。

その後、養育院も空襲で被災するが、第二次世界大戦敗戦後はいち早く板橋に復興した。敗戦直後の養育院は戦争により仕事、住まい、家族などを失った戦災被災者などの収容所として再出発する。成人だけではなく、戦災孤児も収容された。

6 ── 社会福祉施設へ

(1) 老人福祉施設へ

第二次世界大戦後、1947（昭和22）年に児童福祉法が施行され、養育院にあった児童福祉施設は他の部局に移管され独立した。主に知的障害者が生活していた千葉分院は、1960（同35）年、精神薄弱者福祉法（現：知的障害者福祉法）の施行により精神薄弱者更正施設となった。その後、1963（同38）年の「老人福祉法」施行により養育院は老人福祉施設へと変化していった。

(2) 利用者の質の変化

養育院開設から戦前までの養育院利用者は、農村から単身で東京に働きに出てきて、失業、病気、行き倒れになった壮年者や未成年者が主に暮らしており、女性より男性の方が圧倒的に多くを占めていた。ところが、1960（昭和35）年ごろになると、高齢者、特に女性が増えてきた。利用理由をみると、家庭がなかった人よりは、住宅事情や経済的な事情などで養育院を利用する人が増えている。

7 ── 開かれた養育院──権利としての社会福祉施設へ──

1960年代後半、美濃部知事の革新都政のもと養育院は飛躍的な事業拡大の時代を迎えた。建物の近代化、高層化だけではなく、処遇面においても画期的な努力がなされた。老人ホームの多様化を行い、利用者を「収容者」「入院者」から「利用者」と呼び、食生活、衣服、日常生活時間についても充実が図られた。

利用者の最大の楽しみは食事であり、食事に関する委員会に利用者が参加し、献立の工夫、特別食など利用者の希望が取り入れられた。また、自分で自分に似合う衣服を購入することができるようになった。衣服が自由化され、

衣服そのものを支給するのではなく、施設内で出張販売のものを自分で選んで買えるように配慮された。その後は、自由に街に出て自分にあう衣服を買うことができるようになったのである。日常生活時間についても自由時間が増えて、お互いの交流、クラブ活動、講演会、老人大学、旅行、盆踊りなどが開催された。生存ではなく、生きがいのある、人間らしい生活となった。

　さらに、1972（昭和47）年には老人専門病院である東京都養育院付属病院が開設された。養育院の利用者だけではなく、地域住民を対象とする病院として開設され、リハビリテーションにも取り組まれた。このように養育院は、老人福祉施設、附属病院、高齢者の問題を医学、心理学、社会学などから多面的に調査研究する老人問題研究所など高齢者福祉の総合的な施設となった。

第3節　慈善から社会福祉へ

　養育院の120年を顧みると、最初は慈善事業から社会事業へ、そして社会福祉へと発展してきたのである。それは、日本の社会福祉の発展を象徴的に表している。

　公的責任により法制度を整備し、財政的に安定することで、利用者に対して権利としての社会福祉施設にふさわしい処遇を保障することができている。財政的に安定することは、そこで働く職員の身分保障を確実にし、専門性を高め、ひいては専門的なケアを提供できるようになる。まさに、総合的に生活を保障することができる。

　現在、東京都養育院という施設はない。1990年代後半に東京都の行政改革として経営の合理化、効率化、予算削減のために民間へ経営を委託し、社会福祉の総合的機能を有していた東京都養育院はその127年の歴史に幕を下ろした。これは、公的責任の後退と生活を保障する総合性の解体を意味しているとされている。

【参考文献】
一番ヶ瀬康子『新・社会福祉とは何か（改訂版）』ミネルヴァ書房　2001年
養育院の存続と発展を求める全都連絡会編『日本の福祉を築いて127年―養育院の解体は福祉の後退』萌文社　1999年
東京都養育院編『養育院百年史』東京都　1974年
東京都健康長寿医療センター　パンフレット「養育院・渋沢記念コーナー」2014年

▶第6講　今日の国民生活の特徴と生活問題

▶はじめに

　社会福祉・社会保障を学ぶうえで、なぜ今日の国民生活の特徴を理解しなければならないのかを考えることが重要である。社会福祉・社会保障は私たちの生活を対象とするものであるから、次の２つの視点で生活をとらえることが必要である。第１の視点は、個々人の、個々の家族・世帯の生活を社会のなかでとらえる視点である。私たちの生活は社会のありように強く規定されていることから、生活を歴史、経済、政治あるいは文化、地域などの社会的背景とあわせて理解する。第２の視点は、長期の病気やけが、障害、高齢、生活困難とともに生活すること、特に社会生活を送ることの視点である。なぜ障害、高齢であることや、貧困が問題となるのかを考えるために必要な視点である。
　そこで本講では、①社会福祉・社会保障が対象とする生活について、②国勢調査結果にみる今日の国民生活の特徴について、③生活問題の意味について学ぶ。

第1節　社会福祉・社会保障が対象とする「生活」とは

1――人間としての生活

　社会福祉・社会保障が対象とする生活はいうまでもなく人間としての尊厳が保障される生活である。どのような重度な障害を有している方であっても、どのような生活状況に置かれている方であっても、今自分が暮らしている同じ社会で暮らす一人の人間としての尊厳を考えることが重要である。
　さらに注意しなければならないことは、「生存」と「生活」は違うことである。生存が保障されることも大切であるが、現在の社会のなかでの人間らしい生活を考えなければならない。人間らしい生活の水準、内容は絶対的なものではなく、時代とともに変化するものである。社会福祉・社会保障を学ぶなかで人間としての尊厳とは何かを考え続けてほしい。

2――勤労者（賃金労働者）としての生活

　さらに、社会福祉・社会保障が対象とする生活は、勤労者（賃金労働者）

としての生活である。私たちは家族・世帯を生活のもっとも小さい単位として暮らしている。その家族・世帯の外側は資本主義社会である。資本主義社会のなかで私たちは働き、収入を得て暮らしている。つまり、自らの生活の責任は自分で負う、自己責任の原則のもと暮らしている。その収入は賃金労働者として他者に雇われ、労働の対価として得た賃金である。その賃金で生活に必要なモノ、サービスを購入して、子どもを産み育て、あるいは親世代を扶養して暮らしている。その暮らしは途切れることなく継続することが重要である。今日一日は何とかなるが、明日以降はまったくわからない、今年は何とか収入があるが、来年からは予測ができない生活は不安定である。

　また、その生活は一定の水準、同じ時代の、同じ地域のなかで人並みな生活、人間としての尊厳が保たれる水準で継続することが考えられなければならない。

3——生活条件とは

　私たちは資本主義社会において「自己責任の原則」のもと、働いて、収入を得て生活しているが、生活をしていくうえで必要なものを生活条件という。生活条件としてあげられるものは、所得額つまり一定の金額、仕事のあるなし、さらに仕事の安定度、家族、住宅、交友関係、社会保険に加入しているか、いないか、社会保険の種類、その他の資産などである。この生活条件は、社会階層により異なる。次いで個々人、さらに時代、国により異なる。

4——生活問題とは

　私たちは暮らしていくうえで必要なもの、生活条件によって暮らしを支え、暮らしている。しかし、一人の人間として社会生活を営むうえで個人、あるいは家族だけの力では解決することができない問題、つまり、社会的解決や社会的援助を必要とする問題を抱える可能性がある。この問題を生活問題という。

　川上は「労働者世帯においては、種々の生活困難は原則として、その世帯の枠の中で処理されなければならない。いわゆる自助の原則である」[1]と述べている。続けて、図Ⅰ-6-1を図示し、内的一般的要因とは「労働者世帯一般のライフサイクル上に生じてくる養育・教育・老齢といった生活困難と生活基盤となる住宅、誰にでも比較的高い確率で考えられる傷病という生活事故等」[1]としている。例外的要因として「障害、主たる稼働者の死亡あるいは離婚」などの例外的・偶然的・事故をあげている。そして、内的

図Ⅰ-6-1　生活問題の原因としての世帯内要因の構造と
　　　　　その作用

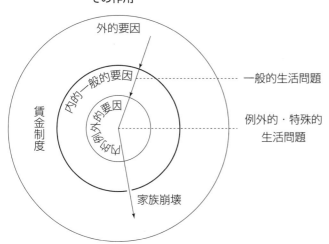

出典：川上昌子『社会福祉原論読本』学文社　2007年　p.197

一般的要因に対しては医療保険、年金保険などの社会保険が対応し、例外的要因に対しては社会福祉が対応しているとしている。

　より具体的に生活問題をみると、生活問題には生活水準の問題と生活を脅かすリスクへ対処できないことがらがある。

　私たちの生活水準は収入額によって規定されている。換言すれば、収入に見合った生活をしなければならない。その収入は賃金によることが多く、生活水準は賃金に規定されている。周知のように賃金には格差がある。しかし、実際に社会生活を営んでいくときに、収入が低い方が高い方へあわせた暮らし方をしなければならない。

　また勤労者世帯で暮らす私たちにとって、生活を脅かすリスクとして大きなものは、失業、賃金の低下、あるいは何らかの理由による所得の中断、喪失である。病気、特に長期の病気、障害、要介護、多子、死亡も生活を脅かすリスクである。普段から余裕のある生活をしているわけではないので、ひとたび生活を脅かすリスクが生じると、容易に生活問題へ転化する可能性がある。個人、またはその家族・世帯の自己責任では対応できないような出来事となる。

　ひとたび何らかの生活問題が生じると、自己責任のもと、あるいは自助の原則のもと、まずは家族のなかで何とか解決しようとするが、自助には限界がある。それは、特別なことではなく、多くの国民が抱える共通のことであり、これに対して社会福祉、社会保障制度は整えられてきた。

第2節　今日の国民生活の特徴

ここでは、総務省「平成27年国勢調査」の結果から国民生活の特徴として①国民の雇用者化、②家族（世帯）規模の縮小と単身化、③都市化、④生活の社会化の4点を読み解く。

1──国民の雇用者化

(1) 就業者の8割は雇用者

2015（平成27）年の国勢調査結果によれば、15歳以上の就業者総数の86.3％が雇用者である。1960（昭和35）年は52.2％、1970（同45）年は61.1％、1980（同55）年は67.1％、1990（平成2）年は73.4％、2000（同12）年は77.4％、2005（同17）年は78.6％、2010（同22）年は86.2％である。1960年代に雇用者化がすすみ、さらに1980年代にも雇用者化がすすんだことがわかる。

雇用者化、つまり人に雇われて働く人々が仕事をもっている人々の8割以上を占めている。雇用者の生活の特徴とはどのようなことがあげられるだろうか。

第1は、雇用されて働くことの対価として賃金を得ている。この賃金で、自分と家族の生活を維持している。しかし、雇用されて初めて働くことができるのであり、労働に関する裁量は限られている。つまり、労働市場において買い手(雇い主)がいなければ働くことはできないのである。雇用者にとって最大のリスクは職を失うことである。

第2は、雇用されて初めて働くことができるので、働き口があるところへ地域移動する。これにより、移動しやすい家族形態をとることが多い。

第3は、労働の対価として賃金を得ているので、この賃金額のなかで生活を行うことになる。賃金に見合った生活水準、生活内容となる。同じ金額であれば、家族人数が少ない方が一人当たりの生活水準は高くなる。

さらに、雇用者の就業状態の内訳をみると、「正規の職員・従業員」が雇用者の53.6％、「労働者派遣事業所の派遣社員」が2.7％、「パート・アルバイト・その他」が26.0％となっており、雇用者の非正規雇用が雇用者全体の3分の1を占めていることがわかる。男女別では、女性雇用者の43.4％が「パート・アルバイト・その他」である。このように雇用者の非正規雇用者化が広がっている。正規雇用に比べて、非正規雇用労働者は、賃金、労働条件、社会保障制度等不利であり、何よりも雇用者としての身分は不安定である。

> **Column** 雇用者
> 国勢調査では雇用者を、会社員・工員・公務員・団体職員・個人商店の従業員・住み込みの家事手伝い・日々雇用されている人・パートタイムやアルバイトなど、会社・団体・個人や官公庁に雇用されている人で、役員以外としている。

(2) 産業と職業

産業大分類別の15歳以上就業者の割合は、「卸売業、小売業」16.2％、次いで「製造業」15.3％、「医療、福祉」11.9％である。職業別では、「事務従事者」19.0％、「専門的・技術的職業従事者」5.9％、「生産工程従事者」13.5％であり、「生産工程従事者」は1995（平成7）年の国勢調査から一貫して低下している。

2 ── 家族（世帯）規模の縮小と単身化

(1) 2015（平成27）年の国勢調査結果にみる家族（世帯）

2015（平成27）年の国勢調査結果によれば私たちの家族（世帯）の形は多様である。夫婦のみ、夫婦と子ども、ひとり親と子ども、夫婦と両親と子ども、夫婦とどちらかの親と子ども、兄弟姉妹、それから単身（単独）と実際にはいろいろな家族の形がある。一般世帯5,333万2,000世帯のうち「核家族世帯」55.9％、うち「夫婦と子供から成る世帯」26.9％である。単独世帯は1,841万8,000世帯、34.6％である。

「18歳未満親族のいる一般世帯」1,147万2,000世帯のうち72.4％が「夫婦と子供から成る世帯」である。つまり、18歳未満の子どもの約70％は両親と自分たち子どもだけで暮らしていることになる。また、65歳以上人口のうち単独世帯で暮らす者は65歳以上人口の17.7％にあたる。

表Ⅰ-6-1は国勢調査結果からみた世帯の家族類型の推移である。日本の家族の形として核家族が典型的であるといえるが、近年は単独世帯の割合が高まっている。

表Ⅰ-6-1　世帯の家族類型の推移（構成比）　　　　　　（単位：％）

年次	核家族世帯	（再掲：夫婦と子ども）	その他の親族世帯※	非親族世帯※	単独世帯
1975（昭和50）	63.9	(46.7)	22.3	0.2	13.5
1980（ 同 55）	60.3	(42.1)	19.7	0.2	19.8
1985（ 同 60）	60.0	(40.0)	19.0	0.2	20.8
1990（平成2）	59.5	(37.3)	17.2	0.2	23.1
1995（ 同 7）	58.7	(34.2)	15.4	0.3	25.6
2000（ 同 12）	58.4	(31.9)	13.6	0.4	27.6
2005（ 同 17）	57.9	(29.9)	12.1	0.5	29.5
2010（ 同 22）	56.4	(27.9)	10.3	0.9	32.4
2015（ 同 27）	55.9	(26.9)	8.6	0.9	34.6

注：2010（平成22）年からは「世帯の家族類型」新分類区分により、「その他の親族世帯」は「核家族以外の世帯」、「非親族世帯」は「非親族を含む世帯」となっている。
資料：総務省「国勢調査」各年版より筆者作成

(2)　**勤労者家族にふさわしい核家族**

　核家族とは本来は「夫婦と未成熟の子どもからなる」家族であり、夫婦の親、自立できる子どもを含まないことが特徴である。核家族は、勤労者（雇用者）家族にふさわしい家族形態である。勤労者（雇用者）は自営業とは異なり、親から家業、資産を受け継ぐことはなく、仕事があるところへ地域移動する。また、一般的には親と同居するメリットがないので親とは別世帯になることになる。

　一方、資本の側（雇用する側）は勤労者の消費単位である家族が小さい方が低い賃金で雇用することができる。このように核家族は勤労者（雇用者）家族にふさわしい家族形態といえる。

(3)　**家族（世帯）規模の縮小**

　さらに近代家族の特徴は核家族であるだけではなく、家族規模が小さくなる傾向にある（表Ⅰ-6-2）。一定の収入で暮らす勤労者（雇用者）家族にとっては、家族規模が小さい方が高い生活水準を保つことができる。家族規模の縮小化には家族の家事能力の低下も要因としてあげられる。

　このような家族形態は通常はいいが、何か生活事故（生活を脅かすリスク）が生じたとき、それに（生活事故）対応する力が小さいことになるので壊れやすいといえる。

表Ⅰ-6-2　一般世帯平均世帯人員数の推移

年次	1世帯当たり親族人員
1960（昭和35）	4.05
1965（ 同 40）	4.05
1970（ 同 45）	3.37
1975（ 同 50）	3.27
1980（ 同 55）	3.21
1985（ 同 60）	3.14
1990（平成2）	2.98
1995（ 同 7）	2.81
2000（ 同 12）	2.66
2005（ 同 17）	2.54
2010（ 同 22）	2.42
2015（ 同 27）	2.33

注：1960（昭和35）年は1％抽出集計結果による。沖縄県を含まない。
　　1965（同40）年は20％抽出集計結果による。普通世帯。沖縄県を含まない。
資料：総務省ホームページ「世帯の家族類型別一般世帯数・親族人員及び1世帯当たり親族人員」を一部改変
　　　http://www.stat.go.jp/data/chouki/02.htm（平成29年8月7日閲覧）

3――都市化

　今日の国民生活の3つ目の特徴は都市化である。都市化とは都市への人口集中という意味だけではなく、私たちの暮らし方、生活様式が都市化しているという意味である。

　2015（平成27）年の国勢調査結果によれば、国民の約半数が大都市圏に居住している。大都市圏への人口集中は1960年代の高度経済成長期に顕著になった。「集団就職」に代表されるように東京、大阪、名古屋の大都市圏へ毎年65万人もの若者が単身で仕事のために地方から流入してきた。当初は農家の二男、三男、女性が中心であったが、その後「雪崩」の様と表現されるように長男を含む人々が都市へ流入した。

　これらの人々は都市で仕事を継続し、自分の家族（世帯）を形成するようになる。人々の生活を支えるために、都市ガス、公営上下水道、道路・鉄道、教育機関、医療機関、ゴミ処理施設などが整備されていった。このように、高度経済成長を通して私たちの暮らし方、生活様式は大きく変化した。それが都市化である。

また、「大衆消費社会」という言葉に表現されるように大量生産・大量消費の社会となり、多くの商品があふれている。そして、生活様式が農村に居住するものまで含めて都市的な暮らし方をするようになった。都市化、都市的というのは金銭で生活に必要なモノ、サービスを賄うという意味である。
　つまり、生活に関するモノ、サービスを購入して暮らすことである。食品、衣料品、電化製品などだけではなく、生活を支えるライフライン（電気・ガス・水道）、通信手段、交通機関などは私たちに便利で快適な生活をもたらすが、一方ではお金がかかる生活となっている。また、気がつかないうちに「人並みな生活」様式、生活水準にあわせて生活するようになっている。このような生活様式は全国に広がっている。

4——生活の社会化

　これまで述べてきたように今日の国民生活の特徴は高度経済成長下において生じたことである。つまり、1960年代の高度経済成長期に生活の著しい変化がおきたのである。国民の多くが雇用者化し、都市部で核家族として暮らすようになり、大衆消費社会の進展により私たちの生活様式は都市化した。
　都市的な生活様式となり、核家族化し、家族の規模が縮小してくると国民の生活が「生活の社会化」といわれるように、家族（世帯）の外へ依存する傾向を強めていった。育児、介護、看病、衣食、ゴミ処理などに関して家族のなかだけで行うことに支障をきたすようになり、家族（世帯）の外のモノ、サービスを家族のなかに取り込み、専門機関・施設へ依存する傾向が強くなっていったのである。
　例として食事をみると、材料を購入してすべて手作りをしていたものを冷凍食品や、惣菜を購入したり、外食をすることなどである。衣類も手作りから、既製品を利用するようになる。商品として売られている完成した消費財を買っている。ゴミ処理は、かつては自宅で処分することができたが、都市部ではスペースもなく、量・種類も多くなり行政によるゴミ処理が必要である。
　また家族のなかで行っていた育児を幼稚園、保育所を利用する、高齢者の介護を、ホームヘルパー・デイサービスを利用する、施設へ入所することも、生活の社会化にあたる。

第3節　国民生活の特徴と生活問題

　社会福祉は生活問題への社会的解決方法、社会的援助である。生活問題とは単なる生活上の困りごとではなく、それぞれの家族（世帯）が「自助の原則」「自己責任の原則」のもと努力しても解決し得ない問題であると学んだ。

　前述した私たちの生活は、生活問題へ対応する力はどのようになっているのであろうか。通常私たちは家族のなかで何らかの生活を脅かすリスクが生じると自分たちで何とか解決しようとする。それが「自助努力」であり「自己責任の原則」である。核家族として少人数で暮らしている私たちの生活を脅かすリスクへ対応する力は十分ではない。さらに生活の社会化と表現されるように、日々の生活を継続していくうえにおいても家族の外へ依存しているのが実際である。

　つまり、現代社会に暮らす私たちは生活問題を抱えやすいのである。

【引用文献】
1）川上昌子『社会福祉原論読本』学文社　2007年　p.197

【参考文献】
江口英一編『社会福祉と貧困』法律文化社　1981年
江口英一編『生活分析から福祉へ―社会福祉の生活理論（改訂新版）』光生館　1998年
一番ヶ瀬康子編『新・社会福祉とは何か（改訂版）』ミネルヴァ書房　2001年
一番ヶ瀬康子編『現代の社会福祉』春秋社　1976年
一番ヶ瀬康子・真田是編『社会福祉論（新版）』有斐閣　1975年
総務省統計局：Ⅳ　国勢調査の結果で用いる用語の解説
　http://www.stat.go.jp/data/kokusei/2010/users-g/pdf/04.pdf（平成29年7月4日閲覧）

▶第7講　社会福祉・社会保障政策の展開と社会保障改革

▶はじめに

日本国憲法第25条を基本理念として日本の社会福祉・社会保障政策はつくられ展開してきたが、1980年代から現在までさまざまな「改革」が進行している。本講では、①社会福祉・社会保障政策の展開を振り返り、②1980年代からの「改革」の実際を学び、国民生活への影響を考察する。

ひとたび何らかの生活問題が生じると、自己責任のもと、あるいは自助の原則のもと、まずは家族のなかで何とか解決しようとするが、自助には限界がある。それは、特別なことではなく、多くの国民が抱える共通のことであり、これに対して社会福祉・社会保障制度は整えられてきた。

第1節　社会福祉政策の展開

1──救済から権利へ

これまで学習したように、第二次世界大戦以前から社会福祉の前史である社会事業は行われていた。しかし、国民の権利としては認められていなかった。第二次世界大戦後、日本国憲法第25条で初めて社会福祉・社会保障という言葉が広く普及し、すべての国民は生存権を有し、その責務は国にあることが明記された。

憲法に明記されたことの意義は大変大きなものであるが、この憲法の具体的制度化の方向を示したのは社会保障制度審議会の勧告であった。社会保障制度審議会とは、日本の社会保障制度のあるべき方策を審議し、政府に勧告する任務をもつものである。1950（昭和25）年に当時の日本の現状分析をふまえて「社会保障制度に関する勧告」をまとめ政府に提出した。この勧告をもとに日本の社会保障制度はつくり上げられてきた。

この勧告のなかで、社会福祉と社会保障について具体的に定義[*1]されている。

*1
社会保障の定義については第Ⅰ部2講 p.20参照。社会福祉については、「ここに、社会福祉とは、国家扶助の適用をうけている者、身体障害者、児童、その他援護育成を要する者が、自立してその能力を発揮できるよう、必要な生活指導、更生補導、その他の援護育成を行うことをいうのである」[1)]と定義された。

2 ── 経済成長と社会福祉・社会保障の確立

　第二次世界大戦後の日本の国民生活は崩壊し、「一億総飢餓状態」と称されるほど困窮をきわめていた。GHQ（連合国軍総司令部）は戦前からの軍人の恩給などの特権を廃止し、無差別平等の原則で、困窮している国民の救済に当たった。GHQのSCAPIN775[*2]を受けて、1946（昭和21）年に、旧生活保護法が成立し、必要な財源については国が8割、都道府県・市町村は2割を負担することが原則となった（第Ⅱ部1講参照）。その後、社会保障制度審議会の勧告を受けて、1950（昭和25）年に生活保護法（現行）へ改正され、権利としての近代的公的扶助が確立した。さらに、児童福祉法（1947〔同22〕年）、身体障害者福祉法（1949〔同24〕年）が成立し、福祉三法体制の時代を迎えることになる。一方、近代的労働法（労働基準法、労働者災害補償保険法、失業保険法および失業手当法）の整備もすすめられた。

　やがて、1960年代の高度経済成長期になると、ようやく社会保険の整備が行われた。特に、国民の半数近くが医療保険・年金保険制度の適用外であり、約1千万人もの人々が「ボーダーライン階層」と呼ばれる低所得であった。国は、すべての国民に医療保険と年金保険を整備する国民皆保険・皆年金政策を展開した（第Ⅲ部4・6講参照）。

　1958（昭和33）年に国民健康保険法、1959（同34）年に国民年金法が成立したことにより、国民皆保険・皆年金体制が確立した。引き続き1960（同35）年に精神薄弱者福祉法（現：知的障害者福祉法）、1963（同38）年に老人福祉法、1964（同39）年に母子福祉法（現：母子及び父子並びに寡婦福祉法）が制定され、福祉三法体制から福祉六法体制の時代となった。1971（同46）年には児童手当法が加わり、高度経済成長期に日本の社会福祉・社会保障の体系が確立した。

3 ──「福祉元年」と「福祉見直し」

　第2項で述べたように高度経済成長を背景として日本の社会福祉・社会保障制度は確立した。また、第Ⅰ部6講でみたように、高度経済成長期を通して私たちの生活は大きく変化した。雇用者化し、核家族化がすすみ、都市化したのであり、これにより生活の社会化の傾向が強くなった。この時期に社会福祉・社会保障が確立したことは、まさに国民生活に対応するものであることを示している。

　1970年代に入ると、社会福祉・社会保障の給付内容の充実・給付水準の引き上げ、社会福祉のニードの広がり、人口の高齢化が課題としてあがってき

[*2] SCAPIN775
第Ⅱ部1講p.60参照。

た。国は一層の社会福祉の充実を目指して1973（昭和48）年を「福祉元年」とした。

しかし、1973（昭和48）年の第一次オイルショック、1979（同54）年の第二次オイルショック以降、日本はこれまでの高度経済成長の終焉を迎えた。低成長時代の幕開け、国際競争・貿易摩擦の激化、高齢化社会の到来などの状況下において、国家財政の危機を迎えた。

この変化は、社会福祉・社会保障にも重大な意味をもっていた。国家財政の危機を背景として、政府は1981（昭和56）年に第二次行政改革調査会を発足させ、行政改革に関する答申を行った。今後の我が国の目指すべき目標として「活力ある福祉社会」「国際社会に対する貢献の増大」を提唱し、既存の行政・政策の見直しの視点として「変化への対応」「総合性の確保」「簡素化・効率化」「信頼性の確保」を提示した。対内的には「増税なき財政再建」を掲げ、社会保障・社会福祉、地方自治、行政制度、公営企業、農業、教育、中小企業など国民生活にかかわる経費を縮小・抑制した。さらに、民間活力の活用をすすめた。社会福祉・社会保障分野の改革議論では財政問題が前面に出されたものとなり、公的責任ではなく自助互助の精神と民間活力が強調された。

社会福祉の分野では、「福祉元年」から一転して「福祉見直し」の方向が示され、在宅福祉サービスの推進、在宅福祉サービスと施設サービスの一元化、保健福祉が連携して効率よくサービスを提供するための数値目標を設定した老人保健福祉計画策定が推しすすめられた。医療保障改革のなかから高齢者固有の医療制度として、1983（昭和58）年に老人保健制度が施行された。

社会保障の分野においては年金制度改革・一元化、医療費の適正化、医療保障制度の合理化等の制度化改革が行われ、「民間の力を活用する」「受益者負担」が進展した。

1995（平成7）年社会保障制度審議会勧告と国民生活

1 ── 1990年代の社会福祉・社会保障改革──社会保障制度審議会勧告──

21世紀を前にして、政府においても社会保障の将来像が検討されるようになった。その背景には、人口の高齢化、グローバリゼーションによる経済社会の国際化、製造業中心からサービス産業中心への就業構造の変化、日本的雇用システムの崩壊と非正規雇用増加にともなう不安定就業者の増大等の社会変動がある。

社会保障制度審議会は社会保障の将来像について審議し、1993（平成5）年に第一次報告書、1995（同7）年に最終報告「社会保障体制の再構築に関する勧告—安心して暮らせる21世紀の社会を目指して—」を出した。1950（昭和25）年の第1回「勧告」以来、3回目の「勧告」である。

　最終報告において、社会保障の理念について、「社会保障制度の新しい理念とは、広く国民に健やかで安心できる生活を保障することである」[2]としている。給付対象がすべての国民に広がっただけではなく、「社会保険料の拠出や租税の負担も含め、社会保障を支え、つくり上げていくのもまたすべての国民となる」[3]「社会保障制度は、みんなのためにみんなでつくり、みんなで支えていくもの」[4]とし、公的保障の範囲を制限している。それは、国民の「自立と連帯」「国民の生活不安への対処」「利用者本位」「制度の連携・調整」を基本とするものである。この勧告を受けて、社会福祉・社会保障分野においては大きな変化がおこった。

　第1は、それまでの「措置制度」[*3]が見直され「利用契約制度」[*4]へと変更になった。具体的には介護保険制度、障害者自立支援制度（2014〔平成26〕年時点：障害者総合支援法へ移行）である。

　第2は、介護保険・社会福祉サービスの提供主体に民間事業体が参入したことである。つまり、市場の原理が社会福祉の分野に参入したのである。

　第3は、国民の自己負担の増加である。医療保険給付率の引き下げ、入院時食事代負担、医療保険料の引き上げなどであり、利用契約にともなう「応能負担」から「応益負担」への変更である。

　第4は、国民の「自立」の強調である。介護保険法（1997〔平成9〕年成立、2000〔同12〕年施行）、障害者自立支援法（現：障害者総合支援法）、生活保護への「自立支援プログラム」導入（2005〔同17〕年）、生活保護法改正（2013〔同25〕年4月成立、2014〔同26〕年7月施行）など法の条文、具体的施策に「自立」が盛り込まれている。

　これらは社会福祉の分野での改革では、社会福祉基礎構造改革といわれている。

*3　措置制度
　第Ⅱ部5講 p.111参照。

*4　利用契約制度
　第Ⅱ部5講 p.111参照。

2——社会保障と税の一体改革

　2012（平成24）年、いわゆる社会保障と税の一体改革関連法[*5]が成立し、「社会保障と税の一体改革」が進行している。国は、「社会保障と税の一体改革」の基本的な考え方として、「日本の社会・経済は近年大きく変化した」と述べ、具体的に「人口の高齢化・現役世代の減少」「非正規雇用の増加など雇用基盤の変化」「家族形態や地域基盤の変化」「経済成長の停滞」をあげ、これら

*5　社会保障と税の一体改革関連法
　社会保障制度改革推進法、持続可能な社会保障制度の確立を図るための改革の推進に関する法律、社会保障の安定財源の確保等を図る税制の抜本的な改革を行うための消費税法等の一部を改正する等の法律等である。

の状況変化をふまえて、社会保障の充実・安定化と財政健全化の同時達成のために、「税制抜本改革」をするとしている。具体的には消費税の増税であり、他にも生活保護基準の引き下げ、利用者負担増等である。社会保障の内容・水準より国の財源に重点が置かれている。

3 ── 国民生活と社会保障改革・社会福祉基礎構造改革

　国民の自己責任強調のもとでの自立、利用者本位、応益負担の社会保障改革・社会福祉基礎構造改革はしだいに問題点も明らかになってきている。生活の自己責任を強調し、市場主義による調整を目指した新自由主義による改革の性格もあわせもっていると指摘されている。

　働く国民の8割以上が雇用者であり、その生活基盤である家族は核家族であり、小規模化している。長引く経済不況のなかで国民の収入は低下し続けており、生活困窮のために生活保護を必要とする国民は200万人を超えている。一連の社会保障改革の背景にあるのは、新自由主義の考えであり、私たち国民の生活リスクへの国家の役割の縮小、財政支出の抑制である。国民生活の視点からの検証が必要であると考える。

【引用文献】
1）社会保障研究所編『社会保障資料Ⅰ』至誠堂　1975年　pp.197-198
2）社会保障制度審議会事務局編『社会保障の展開と将来─社会保障制度審議会五十年の歴史』法研　2000年　p.222
3）前掲書2　p.223
4）前掲書2　p.223

【参考文献】
社会保障制度審議会事務局編『社会保障の展開と将来─社会保障制度審議会五十年の歴史』法研　2000年
臨時行政調査会：行政改革に関する第五次答申（最終答申）
　http://www.ipss.go.jp/publication/j/shiryou/no.13/data/shiryou/souron/6.pdf（平成29年5月15日閲覧）
厚生省：社会福祉基礎構造改革について（社会福祉事業法改正法案大綱骨子）
　http://www1.mhlw.go.jp/houdou/1104/h0415-2_16.html（平成29年5月15日閲覧）
臨時行政調査会：行政改革に関する第三次答申（基本答申）
　http://www.ipss.go.jp/publication/j/shiryou/no.13/data/shiryou/souron/3.pdf（平成29年5月15日閲覧）
厚生労働統計協会編『保険と年金の動向2016/2017』2016年　厚生労働統計協会
厚生労働省：社会保障・税一体改革
　http://www.mhlw.go.jp/stf/seisakunitsuite/bunya/hokabunya/shakaihoshou/kaikaku.html（平成29年5月15日閲覧）
日本社会福祉学会編『日本の貧困─ボーダー・ライン階層の研究』有斐閣　1958年

第Ⅱ部

社会福祉の諸政策

▶第1講　地域生活の基盤としての生活保護

▶はじめに
　本講では、社会福祉のなかでも中心的な生活保護制度について学ぶ。主な内容として、①戦前の救貧施策との違い、②生活保護の原理・原則としくみ、③生活保護の動向、④そしてなぜ生活保護が地域生活の基盤とされるのかを考えながら学ぶ。

第1節　生活保護法制定までの経緯

1──戦前の貧困対策─制限扶助主義─

(1)　恤救規則

　1874（明治7）年、恤救規則が制定された。制定の背景には江戸末期からの窮民に加えて、明治維新の混乱による生活困窮者が多数おり、近代国家を建設するためには、全国的な視野に立つ窮民救済策が必要であるとして制定された。

　本規則は全5条からなり、「人民相互ノ情誼」（親族・共同体の相互扶助）が期待できない場合、国家が「無告ノ窮民」を救済するものであった。本規則は、国家による公的救済義務主義[*1]をとらず、救済の対象・範囲はきわめて制限的であった。

　その後、1899（明治32）年に行旅中の病人や死亡人の取り扱いに関する「行旅病人及死亡人取扱法」が制定された。恤救規則には貧困者への医療の規定がなかったが、1874（同7）年に「医制」における極貧者に対する入院料、薬種料免除、1875（同8）年に「悪病流行ノ節貧困ノ者処分概則」などが制定された。

(2)　救護法

　その後、日清・日露戦争後に日本経済は飛躍的に発展したが、戦争犠牲者や不況による生活困窮者が多数生み出された。第一次世界大戦は未曾有の好景気をもたらしたが、米価を中心とする物価高騰を引き起こし、1918（大正7）年に米騒動が発生した。1923（同12）年には関東大震災も発生し、窮乏

*1　公的救済義務主義
　一定の資格・要件を満たしている者に対して最低生活を保障する義務が国・地方自治体にあることを明確にした考え方。

層が広がった。

　このような社会背景のなかで、恤救規則改正の要望が高まっていった。内務大臣の諮問を受けた社会事業調査会は「一般救護に関する体系」を答申し、これに基づき救護法案が立案された。1929（昭和4）年、帝国議会に「国民生活の不安と思想の動揺を防止するに努めんとする」として提出され可決、同年4月に救護法として公布された。

　救護法は初めて公的扶助義務主義をとるとともに、救護機関、救護内容、救護方法、救護費負担について明らかにした。救護機関は要救護者の居住地の市町村長とし、協力委員として方面委員[*2]を名誉職として定めた。救護の種類を、生活扶助、医療、助産、生業扶助の4種類とし、救護方法は居宅保護を原則とした。救護費負担は、国2分の1、道府県4分の1、市町村4分の1以上と規定した。

　しかし、救護の対象は①65歳以上の老衰者、②13歳以下の幼者、③妊産婦、④廃疾・傷病・心身障害のために労務に支障のある者に限定する制限扶助主義をとった。さらに、要救護者には保護請求権が認められておらず、選挙権も剥奪された。

　昭和に入り慢性的恐慌が続くなかで、救護法の実施は急務であったが、財政上の都合を理由になかなか実施されなかった。その後、競馬法が改正され、その益金の一部を財源として1932（昭和7）年1月より実施された。

　このほか、親子心中多発のなかで母子保護法が1937（昭和12）年に制定された。また同年、軍事救護法を改正し軍事扶助法が公布された。この法律は、傷病兵や出征兵士遺族が生活困難に陥った場合の救済を目的とした。救護法と異なり全額国庫支出であり、救済を受けることにより選挙権を剥奪されることはなかった。

*2　方面委員制度
　1918（大正7）年、小河滋次郎がドイツのエルバーフェルト制度や済世顧問制度を参考にして考案したしくみ。低所得世帯の生活状況を調査し、ニーズを制度へむすびつける等の活動を篤志家が行政の委託を受けて無給で行った。1936（昭和11）年、方面委員令の公布により身分は法定化された。

2 ── 敗戦と旧生活保護法の成立

(1) 生活困窮者緊急援護要綱

　1945（昭和20）年8月15日、日本はポツダム宣言を受諾し無条件降伏した。それによりGHQ（連合国軍総司令部）による間接統治方式による占領政治が行われた。

　敗戦直後の日本国民の生活状態は「総スラム化」と称されるような困窮状態にあったため、日本政府は、1945（昭和20）年12月「生活困窮者緊急援護要綱」を閣議決定した。援護の対象は、一般国内生活困窮者、失業者、戦災者、海外引揚者、在外者留守家族、傷痍軍人およびその家族並びに軍人の遺族であって、著しく生活に困窮している者とされた。

(2) GHQ の指令「公的扶助3原則」

GHQ は1945（昭和20）年12月に「救済並び福祉計画の件」（SCAPIN404）を指令し、最低生活保障、無差別平等の原則を提示し、日本政府に対して生活困窮者救済の具体的計画の提出を求めた。日本政府は、「救済福祉に関する件」を提出し、救護法など各種援護法令により国民援護に関する総合的法令制定を目指すとした。

その後 GHQ は、1946（昭和21）年2月に「社会救済」（Public Assistance SCAPIN775）において以下の条件を提示し、先の「救済福祉計画」案を承認できるとした。その条件とは、①単一の全国的政府機関を設立し、地方行政機関を通じて困窮者に対して、無差別平等に食糧、衣料、住宅並びに医療措置を与えること、②同年4月30日までに財政的援助並びに実施の責任態勢を確立すること、③救護総額に何等の制限も設けないことであった。

これが、国家責任による生活保障・無差別平等・必要即応の公的扶助三原則であり、戦後日本の社会福祉の基本原則となった。

(3) 旧生活保護法の成立

GHQ の「社会救済」を受けて、1946（昭和21）年9月（旧）生活保護法が成立した。旧生活保護法は、労働能力の有無を問わず困窮していれば保護する一般扶助主義をとった。また、保護費の国庫負担を8割とする画期的なものであった。保護の種類は、生活扶助、医療扶助、助産扶助、生業扶助、埋葬扶助の5種類とした。

しかし、怠惰・素行不良な者は排除され、扶養義務者による扶養の優先、保護請求権は明記されず、争訟権の否定など多くの問題をもっていた。

3 ── 社会保障制度審議会勧告と生活保護法（現行法）の成立

その後占領政策は非軍事化、民主化政策から「経済安定九原則」指令等の経済自立化政策へと転換し、徹底した企業整理により1948（昭和23）年6月以降、失業者は急増していった。さらに戦争未亡人の生活問題も深刻であった。このような状況にもかかわらず、旧生活保護法による保護は拡大されるどころか、引き締めの方向に向かった。深刻化する社会情勢のなかで「職を与えよ、しからずんば食を保障せよ」と労働者の生活要求は高まりをみせた。

そこで、1949（昭和24）年8月、社会保障制度審議会総会において、公的扶助小委員会から「最低生活保障制度の確立に関する勧告案」が提出され、同審議会は同年9月、内閣総理大臣にあて「現下の社会情勢に鑑み、政府は社会不安を除去するため、緊急に現行の生活保護制度を改善強化し、もって

当面の緊迫せる情勢に対応するよう」[1]勧告を行った。勧告に基づき、旧生活保護法を全面的に改正した現在の生活保護法が1950（同25）年5月4日に成立した。生活保護法は、①日本国憲法第25条を具体的に受ける法律として生存権保障の目的を明確にし、②保護請求権の明記、③不服申立ての規定設置、④教育扶助、住宅扶助の新設、⑤欠格条項の廃止、⑥実施主体に訓練された有給専門職（社会福祉主事）を置き民生委員は協力するものとするなど、旧生活保護法から大きく前進した。

しかし、保護内容を規定する生活保護基準はきわめて低く、補足性の原理は厳しく運用されるなど問題点を残していた。こうした生活保護のあり方に対して朝日訴訟＊3が提訴された。生活保護基準の引き上げを求めて闘った朝日訴訟は、1960（昭和35）年10月の第一審で勝訴し、生活保護基準の改善を促し、「権利としての社会福祉」という認識を広げた。

1951（昭和26）年には、社会福祉事業法（現：社会福祉法）制定にともない福祉事務所＊4が設置され、生活保護行政の第一線機関となった。

＊3　朝日訴訟
　第Ⅲ部5講 p.159参照。

＊4　福祉事務所
　第Ⅱ部2講 p.78参照。

第2節　生活保護制度の目的と基本原理等

1──生活保護制度の目的

生活保護は、日本の社会福祉のもっとも中心となる制度である。生活保護法第1条は「この法律は、日本国憲法第25条に規定する理念に基づき、国が生活に困窮するすべての国民に対し、その困窮の程度に応じ、必要な保護を行い、その最低限度の生活を保障するとともに、その自立を助長することを目的とする」としている。この意味は、生活保護制度は日本国憲法第25条の生存権に基づき、国の直接の責任において、国民のうち生活に困窮するものに対して最低生活を保障するとともに自立を助長することの2つを目的としていることである。「最低限度の生活を保障する」とは、最低生活の維持を脅かす原因を排除して、最低生活が必ず営めることであり、その内容と水準は「健康で文化的な生活」を維持できるものでなければならない。生活保護制度では原理として定められ、具体的には生活保護基準によって実現される。

「自立の助長」について厚生省社会局保護課長（当時）であった小山進次郎は、「自分の力で社会生活に適応した生活を営む」[2]ために、「内在的可能性」[3]をもっているものに対してその様態、程度に応じて助け育てることであり、機械的に強制することではない、と述べている。

2——生活保護の基本原理

　生活保護には「生存権保障の原理」「国家責任の原理」「無差別平等の原理」「最低生活保障の原理」「補足性の原理」がある。これは生活保護法の第1条から第4条に規定されている。法の立脚点であり、法の解釈、制度の運用、保護の実施における基本的な骨組みであり、きわめて重要である。

(1) 生存権保障の原理（第1条）

　第1条で、日本国憲法第25条の理念に基づき生存権を具体的に保障することを規定している。

(2) 国家責任の原理（第1条）

　第1条で、生活に困窮する国民の保護を国が直接責任において実施することを規定している。国家責任実現のために保護請求権および不服申立てがあり、実施体制がある。

(3) 無差別平等の原理（第2条）

　第2条で、「すべて国民は、この法律の定める要件を満たす限り、この法律による保護を無差別平等に受けることができる」と規定されており、生活困窮に陥った原因や、年齢、性別を問わないことを意味している。国民に保護を請求する権利があり、保護請求権は国民のすべてに無差別平等にある。

(4) 最低生活保障の原理（第3条）

　第3条で、生存権を保障する生活の内容は「健康で文化的な水準」でなければならないと規定している。最低限とは、もっとも低い（the lowest）の意味ではなくこれ以下があってはならない（minimum）という意味である。

(5) 補足性の原理（第4条）

　第4条で、「保護は、生活に困窮する者が、その利用し得る資産、能力その他あらゆるものを、その最低限度の生活の維持のために活用することを要件として行われる」と規定している。つまり、保護は個人が自己の生活を維持するための努力、他の社会保障制度に優先して行われるのではなく、補足的、補完的に行われる。

3──生活保護の原則

　生活保護の原則とは、保護実施上の原則である。制度の具体的な実施に当たり生活保護法の第7条から第10条まで原則が定められている。「申請保護の原則」「基準及び程度の原則」「必要即応の原則」「世帯単位の原則」の4つの原則である。これらは生活保護の制度運営の基本的なあり方を規定するものである。

(1) 申請保護の原則（第7条）

　申請保護とは保護請求権の行使を意味している。第7条で「保護は、要保護者、その扶養義務者又はその他の同居の親族の申請に基づいて開始する」と規定している。ただし、急迫した状況にあるときは、福祉事務所などの実施機関における「職権」による保護が行われる。

(2) 基準及び程度の原則（第8条）

　生活保護の基準は厚生労働大臣が決める。その際「要保護者の年齢別、性別、世帯構成別、所在地域別その他保護の種類に応じて必要な事情を考慮」し、「保護の程度」は基準により測定した需要をもとにその者の金銭、物品で満たすことができない不足分を補うことを規定している。なお生活保護の基準は、「最低生活を満たすに十分であつて、且つ、これをこえないものでなければならない」と規定している。

(3) 必要即応の原則（第9条）

　必要即応とは、必要に正しく応じるという意味である。これについて「要保護者の年齢別、性別、健康状態等その個人又は世帯の実際の必要の相違を考慮して、有効且つ適切に行うものとする」と規定している。

(4) 世帯単位の原則（第10条）

　保護の要否、保護の程度の決定は、世帯を単位として行う。生活困窮は個人に現れる現象よりは生計を同じくしている世帯全体でとらえるという考えである。例外的に、実際には世帯構成員であるが、その者を世帯単位で取り扱うことが最低生活保障と自立の助長の面から妥当ではない場合、世帯の異なる者とみなして世帯から分離することができる（世帯分離）。世帯員の一人だけを分離して、その者だけを保護の対象とする場合と、残りの構成員を保護する場合がある。

4──生活保護における権利と義務

　生活保護法第10章に「被保護者の権利と義務」（第56条から第63条）が定められている。これは、生活保護法の目的を達成するための権利と義務である。

(1)　不利益変更の禁止（第56条）
　一度決定された保護は、正当な理由がなければ、保護の実施機関の裁量により不利益に変更されることがあってはならない。実施機関の恣意性を防ぐものである。

(2)　公課禁止（第57条）
　保護金品を収入とみなして、これに対して租税、その他の公課を課せられることはない。保護金品は最低限度の生活を保障するものであることから、これに公課を課せられると最低限度の生活を下回ってしまうため、これを防ぐものである。

(3)　差押禁止（第58条）
　すでに給付を受けた保護金品や保護を受ける権利は差し押さえられることはないとするものである。

(4)　譲渡禁止（第59条）
　生活保護を受ける権利は一身専属であって、保護を受けるべき者に保護が行われることで法の目的が達成されることから、給付された保護金品や保護を受ける権利を第三者へ譲り渡すことはできないとされている。

(5)　生活上の義務（第60条）
　生活保護受給者は、常に、能力に応じて勤労に励み、自ら、健康の保持増進に努め、収入、支出その他生計状況を適切に把握するとともに、節約を図り、その他生活の維持向上に努めなければならないとされている。

(6)　届出の義務（第61条）
　生活保護受給者は、収入、支出その他生計の状況に変動があったとき、または、居住地や世帯の構成に異動があったときは、すみやかに保護の実施機関または福祉事務所長に届け出なければならないとされている。

(7) 指示に従う義務（第62条）

　生活保護受給者は保護の実施機関からの生活の維持、向上その他保護の目的を達成するために必要な指導または指示を受けたときは、これに従わなければならないとされている。また、保護施設*5を利用している場合は、保護施設の規定に従わなければならないとされている。

　生活保護受給者がこれらに従わない場合は、保護の変更、停止、廃止が行われることがあるが、これらの不利益処分が行われる場合には、処分の原因となる事実について、生活保護受給者に必ず意見を述べる機会（弁明の機会）が与えられる。

*5　保護施設
　生活保護法に定められている施設である。救護施設、更生施設、医療保護施設、授産施設、宿所提供施設の5種類である。設置主体は、都道府県、市町村、社会福祉法人、日本赤十字社とされている。

(8) 費用返還義務（第63条）

　資力があるにもかかわらず、保護を受けた場合は、その受けた保護金品に相当する金額の範囲内の額を返還しなければならないとされている。

5── 不服申立て制度

　生活保護法第11章に「不服申立て」（第64条から第69条）が定められている。これは国民がもっている保護請求権を実効性のあるものにするためであり、不服申立ての制度が設けられたことは大きな意義をもつ。保護の決定および実施に関する行政処分について、都道府県知事および厚生労働大臣に対して審査請求をすることができ、その決定に不服のときは、訴訟することが可能である。このように三重の手続きをとることができる。なお、生活保護の訴訟の提起については、都道府県知事への審査請求をした後でなければ、おこすことはできない。

Column　　生活保護申請から受給まで

①申請（福祉事務所へ）
　保護申請書・資産申告書・収入申告書・包括同意書の提出
②調査（福祉事務所の現業員〔通称：生活保護ワーカー〕）
　申告事項の事実確認・保護の要件を満たしているかの調査（ミーンズテスト）・扶養義務履行調査
③保護の決定（福祉事務所）
　保護の要否・程度・方法を申請者へ書面（保護決定通知書）で通知
④保護の開始、却下（変更、停止、廃止）
　不服申立て

第3節　生活保護のしくみ

1──保護の種類・方法および範囲

(1) 保護の種類と方法

生活保護には8つの扶助がある。生活扶助、医療扶助、住宅扶助、教育扶助、生業扶助、出産扶助、葬祭扶助、介護扶助である。

図Ⅱ-1-1　最低生活費の体系

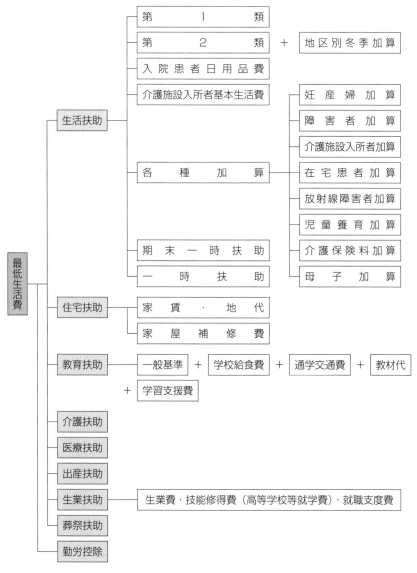

出典：『生活保護の手引き（平成29年版）』第一法規　2017年　p.44

保護の方法は原則として居宅保護である。生活扶助に一括するのではなく、複数の扶助が設けられていることにより、地域で、自宅での通常の生活が継続できる。それぞれの扶助の範囲は法で定められている。

(2) 生活保護基準

医療扶助と介護扶助は「現物給付」、他の扶助は「現金給付」と、それぞれ金額が定められている。これが「生活保護基準」である。

個々の世帯について、保護の程度（給付すべき金額）をはかる尺度である面と、国が国民に保障する生活水準（ナショナル・ミニマム）という二重の面をもっている（第Ⅲ部5講参照）。

2── 保護の実施体制

生活保護の事務は国から実施機関である都道府県知事、市長等への法定受託事務である。したがって補助率7割5分の国庫支出金が地方自治体に補助されている。保護の実施機関として福祉事務所が設けられ、社会福祉主事がその仕事に当たっている。民生委員はこれに協力するものとして位置づけられている。

生活保護と「居住地」

「居住地がないか明らかではない場合」の生活保護受給に際して、申請が受理されれば一時保護所を経由し、病院、保護施設、他の社会福祉施設での対応が一般的に行われる。また、病院から退院する際に、退院後の定まった住居がない場合、保護施設である更生施設を利用し、通院、就職、アパート探しの援助が行われるなど保護施設での実践がある。

第4節 生活保護の基本的性格──国民の権利としての生活保護──

今日の生活保護は、社会保障を構成する公的扶助制度として社会保障制度に組み込まれている。戦前の恤救規則、救護法は単独で設けられていた制度であり、救済の性格をもつものであった。これに対して、生活保護の目的は、社会保障の目的そのものであり、日本国憲法第25条で規定される「健康で文化的な最低限度の生活を営む権利」を国民に保障するための制度であるとい

う生存権保障の基本的性格をもっている。

　生活保護の第1の特徴は、保護の権利性と普遍性である。生活保護は、その必要が生じたとき、誰もが日本のどこに住んでいても受給できるものであり、本人の申請により保護が開始される。つまり、国民が自ら生活保護を請求し、受給できるようになったことである。このことは、戦前の対象者を特定の者に限定する「選別主義」とは正反対の考えに立つものである。

　第2の特徴は、生活保護基準が設定されることである。生活保護基準は「健康で文化的な」水準を公的に、具体的に表すものとして設定されている。生活保護基準は具体的な金額、貨幣額として定められており、医療扶助・介護扶助以外は金銭として給付されるため、受給者本人は主体的に生活をすることができる。このように現物給付、施設保護とは異なる。

第5節　今日の生活保護をめぐる動向・受給世帯について

1──増加する生活保護受給人員数・世帯数

＊6　保護率
　総人口に対する生活保護受給者の割合。通常人口千人に対する生活保護受給人数を‰（パーミル）で示す。

　厚生労働省「被保護者調査」によれば、2017（平成29）年1月に生活保護を受給した人数は約214万人、世帯数は約164万世帯、保護率16.9‰[*6]である（図Ⅱ-1-2参照）。生活保護受給世帯の構成比を「世帯類型別」にみると「高齢者世帯」51.4％（うち高齢者単身世帯は46.7％）、「障害者世帯」11.9％、「傷病者世帯」14.5％、「その他の世帯」16.1％「母子世帯」6.1％である。

　2015（平成27）年の調査によれば、生活保護受給世帯の78.2％が単身世帯、「非稼働世帯」が84.0％を占めている。扶助の種類では生活扶助受給は88.4％、医療扶助87.1％、住宅扶助84.6％である。次に保護開始理由で多いものは「貯金等の減少・喪失」「傷病」「失業」である。近年は、「失業」「貯金等の減少・喪失」「働きによる収入の減少」が増えている。

2──生活保護基準引き下げと生活保護法改正

　このような状況下において、国は2013（平成25）年8月から生活保護基準の引き下げを行った。さらに同年12月、生活保護法の一部改正を行った。主な内容は、①就労による自立の促進、②健康・生活面等に着目した支援、③不正・不適正受給対策の強化等、④医療扶助の適正化である。生活保護基準の引き下げとあわせて、生活保護制度の根幹にかかわる見直しといえる。

図Ⅱ-1-2　被保護世帯数、被保護人員、保護率の年次推移

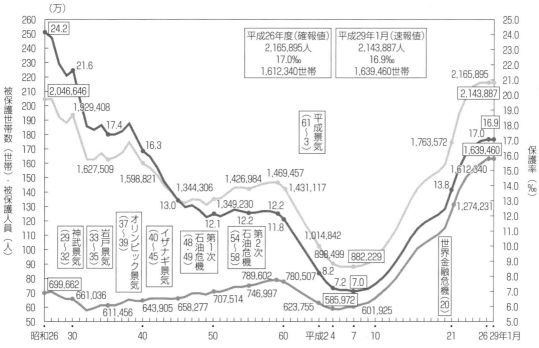

注：　　　：被保護世帯、　　　：被保護人員、　　　：保護率
出典：厚生労働省社会・援護局保護課「生活保護制度の概要等について」2016年を一部改変

第6節　地域生活の基盤としての生活保護

　生活保護により今まで暮らしていた地域、住まいで生活を継続することができることの意義は大きい。さらに、最低限度の生活を維持することができる一定の貨幣額が支給されることで、地域で主体的に暮らすことができるのである。地域生活の基盤としての生活保護の役割について考えてほしい。

　生活保護の課題として保護受給権の行使率が低いことがある。つまり、保護基準以下で暮らしながら生活保護受給から「漏れ」ている人々が存在する、いわゆる漏給が多いことである。その理由としては生活保護に関する偏見、スティグマ*7があり、近年の「生活保護バッシング」がそれを一層増強している。さらに、生活保護受給までの手続きの複雑さ、生活保護行政による「適正化」がある。適正化とは、本来は保護を真に必要としている人を保護から漏らす「漏給」と、保護の必要ない人を保護する「濫給」の双方を防ぐことであるが、実際は保護引き締めであり、「漏給」を増やしている。

　生活保護は社会福祉のもっとも重要な制度であるが、その財政規模は社会保障給付費*8の3.1%である（2014〔平成26〕年度）。

*7　スティグマ
　第Ⅰ部3講 p.28参照。

*8　社会保障給付費
　第Ⅲ部1講 p.124参照。

第7節　自立支援プログラムと生活困窮者自立支援法

　1990年代後半からの失業・貧困の広がりを背景に、生活保護受給者の自立・就労を促進することを目的として自立支援プログラムが導入された。さらに、2008（平成20）年のリーマンショック後の失業・貧困の増大を受けて、「第二のセーフティネット」としての生活困窮者自立支援法が成立した。

1──自立支援プログラム

　自立支援プログラムは、保護の実施機関である福祉事務所が、管内の生活保護受給世帯の状況を把握したうえで、保護受給者の状況や自立を阻害する要因について類型化を図り、それぞれの類型ごとに具体的な自立支援の内容、実施手順を定めて、保護受給者への支援を組織的に行う目的である。2005（平成17）年から導入された。自立支援プログラムにおける自立は、就労による経済的自立（就労自立）だけではなく、身体・精神の健康を回復・維持し、自分の健康・生活を管理するなど日常生活において自立した生活を送ること（日常生活自立）、社会的つながりを回復・維持し、地域社会の一員として充実した生活を送ること（社会生活自立）とされた。それぞれ、「経済的自立支援プログラム」「日常生活自立支援プログラム」「社会生活自立支援プログラム」が策定される。

2──生活困窮者自立支援法

　生活困窮者自立支援法は、生活保護受給にいたる前段階の支援を強化することを目的としている。具体的には必須事業として自立相談支援事業、住宅確保給付金の支給、任意事業として就労準備支援事業、一時生活支援事業、家計相談支援事業、学習支援事業が定められている。

　この法律で「生活困窮者」とは、現在生活保護を受けていないが、「現に経済的に困窮し、最低限度の生活を維持することができなくなるおそれのある者」とされており、明確な基準は示されていない。

　費用負担は国と市町村が負担する[*10]。これらの事業は、社会福祉法人、NPOへ委託することができる。

*10　生活困窮者自立支援法の費用負担。必須事業は国庫負担4分の3、就労準備、一時生活支援事業は3分の2、学習支援その他は2分の1である。

【引用文献】
1）社会保障研究所編『日本社会保障資料Ⅰ』至誠堂　1975年　p.169

2）小山進次郎『改訂増補　生活保護法の解釈と運用』全国社会福祉協議会　1975年　p.92
3）前掲書2

【参考文献】
川上昌子編『新版　公的扶助論』光生館　2007年
『生活保護手帳　2016年度版』中央法規出版　2016年
国立社会保障・人口問題研究所：社会保障費用統計
　http://www.ipss.go.jp/ss-cost/j/fsss-h26/H26.pdf（平成29年6月28日閲覧）
厚生労働省社会・援護局保護課：生活保護受給者の動向等について
　http://www.mhlw.go.jp/file/05-Shingikai-10901000-Kenkoukyoku-Soumuka/0000062671.pdf（平成29年6月28日閲覧）
厚生労働省：被保護者調査（平成29年1月概数）
　http://www.mhlw.go.jp/toukei/saikin/hw/hihogosya/m2017/01.html（平成29年6月28日閲覧）

第2講 児童家庭福祉の展開と現状

▶ はじめに

子どもの社会福祉を考えるために、子どもの権利とは何かを学ぶ。子ども自身の権利は、基本的人権であり、誰のものでもないということを明らかにしなければならない。主に本講では、①児童の権利保障、②日本の児童家庭福祉の基本理念と概要、③児童養護問題を学ぶ。特に、児童養護問題を通して、児童家庭福祉の基底にある社会との関係について理解を深める。

第1節 子どもの権利保障

1——子どもの権利保障の推移

かつては、子どもは家の所有物、親の所有物とみなされていた。また、イギリスの救貧法下や産業革命期の子どもは労働力とみなされていた。

子どもの人権思想について、18世紀のフランスの思想家であるルソー（J. J. Rousseau）は、『社会契約論』において「子どもたちは、人間として、また自由なものとして、生まれる。彼らの自由は、彼らのものであって、彼ら以外の何びとも、それを勝手に処分する権利はもたない」[1]と明言した。しかし、自由権的人権思想が主流であった時代においては、具体的な内容をもつにはいたらなかった。

産業革命後、子どもの生存、成長、発達、子どもが人間らしく生まれ育っていくことが社会によって妨げられていることが明らかになり、労働、教育、遊び場などの面から子どもの権利への追究がなされた。スウェーデンの思想家、エレン・ケイ（E. Key）はその著『児童の世紀』において「20世紀は児童の世紀」であると提唱した。その後、しだいに子どもの人権について具体的に追究されるようになった。

特に、第一次世界大戦後には国際連盟の「児童の権利に関するジュネーブ宣言」（1924年）、イギリス児童救済基金団体の「世界児童憲章」（1922年）、アメリカのホワイトハウス会議作成の「児童憲章」（1930年）、そして第二次世界大戦後には、国連の「児童の権利宣言」（1959年）がある。これらが制定された背景には、両大戦を経験した国々が戦争の最大の犠牲者は子どもで

あること、戦争が子どもの生存、成長、発達を阻害することを痛感したからである。国連は、児童の権利宣言を出した20年後の1979年を「国際児童年」とした。

児童の権利に対するジュネーブ宣言・児童の権利宣言の主な内容

> ・国際連盟　児童の権利に対するジュネーブ宣言（1924年）
> 　「児童が身体上ならびに精神上正常な発達を遂げるために必要なあらゆる手段が講じられなければならない」
> ・国際連合　児童の権利宣言（1959年）
> 　「児童が、幸福な生活を送り、かつ、自己と社会の福利のためにこの宣言に掲げる権利と自由を共有できるようにするため」
> 　「児童は社会保障の権利を享受すべきである。児童は、健康に成長し発達する権利を有する。この目的のために、児童とその母親の両者に、出産前後の適切な配慮を含む特別な配慮および保護が規定されなければならない。児童は、適切な栄養・住居・レクリエーションおよび医療サービスを受ける権利を有する」

2——児童の権利に関する条約

　国連は、1989年に国際児童年10周年を記念して「児童の権利に関する条約」（子どもの権利条約）を満場一致で採択した。今までのさまざまな権利宣言などと異なり、本条約は批准国に拘束力をもつものであり、さらに、子どもを権利行使の主体としてとらえている点に特徴がある。日本は、1994（平成6）年6月に批准した。
　子どもの権利条約は、従来の子どもの権利、権利宣言などと異なる3つの特徴をもっているといわれる。
　第1は、子どもの権利自体の中身が大変豊かである点、第2は、地球規模で子どもの権利をとらえており、外国人の子ども、特に発展途上国の子どもたちへの想いを具現化している点、第3は、子どもたちの意見表明権を明快に認めている点である。

児童の権利に関する条約（抄）

第一部			
第1条	児童の定義	第24条	健康を享受すること等についての権利
第2条	差別の禁止	第25条	児童の処遇等に関する定期的審査
第3条	児童に対する措置の原則	第26条	社会保障からの給付を受ける権利
第4条	締約国の義務	第27条	相当な生活水準についての権利
第5条	父母等の責任、権利及び義務の尊重	第28条	教育についての権利
第6条	生命に対する固有の権利	第29条	教育の目的
第7条	登録、氏名及び国籍等に関する権利	第30条	少数民族に属し又は原住民である児童の文化、宗教及び言語についての権利
第8条	国籍等身元関係事項を保持する権利		
第9条	父母からの分離についての手続き及び児童が父母との接触を維持する権利	第31条	休息、余暇及び文化的生活に関する権利
		第32条	経済的搾取からの保護、有害となるおそれのある労働への従事から保護される権利
第10条	家族の再統合に対する配慮		
第11条	児童の不法な国外移送、帰還できない事態の除去	第33条	麻薬の不正使用等からの保護
		第34条	性的搾取、虐待からの保護
第12条	意見を表明する権利	第35条	児童の誘惑、売買等からの保護
第13条	表現の自由	第36条	他のすべての形態の搾取からの保護
第14条	思想、良心及び宗教の自由	第37条	拷問等の禁止、自由を奪われた児童の取扱い
第15条	結社及び集会の自由		
第16条	私生活等に対する不法な干渉からの保護	第38条	武力紛争における児童の保護
第17条	多様な情報源からの情報及び資料の利用	第39条	搾取、虐待、武力紛争等による被害を受けた児童の回復のための措置
第18条	児童の養育及び発達についての父母の責任と国の援助		
		第40条	刑法を犯したと申し立てられた児童等の保護
第19条	監護を受けている間における虐待からの保護		
		第41条	締約国の法律及び締約国について有効な国際法との関係
第20条	家庭環境を奪われた児童等に対する保護及び援助		
		第二部	
第21条	養子縁組に際しての保護	第42条	条約の広報
第22条	難民の児童等に対する保護及び援助	第43条	児童の権利委員会の設置
第23条	心身障害を有する児童に対する特別の養護及び援助	第44条	報告の提出義務

第2節 日本の児童家庭福祉の理念と概要の変遷

1 ── 第二次世界大戦前から戦時中

　第二次世界大戦以前の児童の制度としては「母子保護法」「児童虐待防止法」「少年救護法」がある。昭和初期の恐慌以来、国民生活の貧困は広がり、大量の欠食児童、身売り、母子心中などの児童に関する問題が発生した。それを受けて、1934（昭和9）年に貧困母子世帯を対象とする母子保護法、1933（同8）年に児童虐待防止法[*1]、少年教護法[*1]が制定された。また、恤救規則[*2]、救護法[*3]の救貧施策として貧困児童の救済が行われていた。このように戦前は、一部の児童のみを保護の対象としていた点に特徴がある。

　他方、民間社会事業家による施設が開設されていた。代表的なものとして、石井十次の岡山孤児院（1887〔明治20〕年）、留岡幸助の家庭学校（1899〔同

[*1] 「児童福祉法」制定により廃止。

[*2] 恤救規則
　第Ⅱ部1講p.58参照。

[*3] 救護法
　第Ⅱ部1講p.58参照。

32〕年）、石井亮一の滝野川学園（1891〔同24〕年）などをあげることができる。資本主義確立過程において、貧困問題等が顕在化するなかで、欧米の動向が紹介され、施設運営や処遇の専門化などがすすんだ。

　戦時中は、児童は戦争を遂行するための人的資源とみなされ、妊産婦と乳児の保護が中心であり、他の保護が必要な児童の存在は十分認識されなかった。

2——日本国憲法の原則と児童福祉法の理念

　第二次世界大戦直後は、戦争によって家族を失った戦災孤児と、戦争によって夫を失った母子世帯が多数存在した。これらの子どもと母子の生活は悲惨であった。全国孤児一斉調査（1948〔昭和23〕年）によれば孤児数は12万4,000人に上り、児童養護施設等に収容されたが、施設に入所できなかった児童は浮浪児となった。また、母子世帯に対しては、生活保護法、「母子寮」が対応するだけであった。

　日本国憲法のもと1946（昭和21）年12月に厚生省（当時）は、戦後の児童問題解決のために「児童保護法要綱案」を作成し、中央社会事業委員会へ諮問した。これに対して、同委員会は「対象を要保護児童に限定せず、日本の将来を担う全児童一般の福祉を積極的に拡充する根本的総合的法律にすべき」と答申した。これを受けて、1947（同22）年12月に児童福祉法が制定され、1948（同23）年4月に施行となった。

　児童福祉法は第1条で「すべて児童は、ひとしくその生活を保障され、愛護されなければならない」（制定時）と明言し、「戦前の限定された子どもに対する限定された給付」という消極的保護から「すべての児童に対する福祉の保障」としての児童福祉へ、児童福祉法の理念は大きく転換した。戦前の児童虐待防止法、母子保護法、少年教護法などと児童福祉法の違いは①児童福祉の責任を、保護者とともに国・自治体にあることを明記することで、国家責任の原則を明らかにした点、②理念的には要保護児童に限定せず、すべての児童を法の対象にした点、③権利の主体者を児童および妊産婦であるとした点、④児童福祉施設を問題別に整備し、その水準を向上させることを明記し、保育所、児童館、児童遊園を一般児童の施設として位置づけ、整備している点である。

3——児童憲章の制定

　児童福祉法が制定された後も、戦後の混乱期においては浮浪児、非行児、

児童虐待などの問題は深刻であった。

　児童福祉の理念を国民に浸透させるため、1951（昭和26）年に児童憲章を制定し、5月5日に宣言した。児童憲章は、子どもを権利の受け手としているが、生活権、発達権、環境権につながる内容が盛り込まれている。

児童憲章　総則

> 児童は、人として尊ばれる。
> 児童は、社会の一員として重んぜられる。
> 児童は、よい環境のなかで育てられる。

児童家庭福祉の展開と児童福祉法

1——児童家庭福祉の展開と今日的な動向

　現在の児童家庭福祉施策は、子育て支援施策として保育施策、児童の健全育成、児童手当、ひとり親家庭施策、要保護児童施策として児童虐待対策、社会的養護、児童の自立支援、そして障害児施策が整備されている。いうまでもなく、各施策は相互に関連しながら児童と子育て家庭を支えている。ここでは子育て支援施策と社会的養護について取り上げる。

(1) 児童局から児童家庭局へ

　児童福祉法の制定により1947（昭和22）年3月に厚生省（当時）に児童局が設置され、翌年に都道府県に児童相談所が設置された。その後、1964（同39）年には名称が児童局から児童家庭局（現：雇用均等・児童家庭局）に変更され、児童だけではなく、児童の養育をする家庭そのものも施策の対象とすべきであるとする考え方が一般的となった。児童福祉法は、大戦直後は戦災孤児、浮浪児対策が中心であったが、すべての児童の健全育成、要保護児童の援護、母子家庭・障害児家庭の所得保障、母子保健などの諸施策を順次整えていった。

(2) 高度経済成長期における新たな児童福祉問題

　国は、1960年代から1970年代初めまで高度経済成長政策をとった。この政策は、日本の産業構造、就業構造、働き方、労働条件、所得構造などを大きく変え、生活と家族、地域の環境と社会環境を変化させた。さらに、企業が

求める労働力によって教育が能力主義に編成されていった。これらの結果は、児童福祉の課題を大きく左右した。

高度経済成長は多くの労働力を必要とし、「金の卵」といわれた中卒者の集団就職、農山村からの出稼ぎ労働者が都市に流入し、女性労働者も増加した。しかし、都市には人口集中に対応する社会資源が十分ではなく、子育てできる住宅の不足、保育所・学童保育不足、能力主義教育の弊害、子どもの自由な時間や遊び場がなくなるなどの問題がおきた。また、高度経済成長下の公害、薬害によって胎児性水俣病、サリドマイド児などの障害のある子どもが生み出された。これらを改善するため、1960年代から1970年代初めに国は保育所の整備、障害児施策に取り組んだ。

(3) 児童家庭福祉改革

1973（昭和48）年のオイルショックにより日本は低成長時代に入る。児童福祉の分野には「ベビーホテル」などの「営利的福祉サービス」が登場するようになった。

国は、引き続き保育所の充実、児童健全育成に取り組んでいたが、児童福祉問題の複雑化、多様化に対応するために1990年代には児童家庭福祉改革が行われた。1997（平成9）年には児童福祉法が改正され、児童福祉施設等の目的・名称が改正された。また、新たに児童家庭相談センターが児童養護施設等に併設された。

(4) 子育て家庭支援

1990年代以降の児童家庭福祉政策は、少子化を社会的背景として子育て家庭支援の方向にある。1990（平成2）年度版『厚生白書』は、家庭を支援し、そのことによって家庭の機能を高め、児童の健全育成を図ると述べている。

さらに、2012（同24）年度版『厚生労働白書』は、少子化対策から「子ども・子育て支援」へ考え方を転換しており、社会全体で子どもと子育てを応援し、子どもの育ちを支える環境づくりをあげている。

2──児童福祉法

(1) 児童福祉法の対象

児童福祉法の対象は第1条に規定されている通り、すべての児童である。具体的には「満18歳に満たない者」であり、「乳児　満1歳に満たない者」「幼児　満1歳から、小学校就学の始期に達するまでの者」「少年　小学校就学の始期から、満18歳に達するまでの者」である。

＊4　障害児
　第Ⅱ部3講p.86参照。

＊5　妊産婦
　「妊娠中又は出産後1年以内の女子」と定義されている。

＊6　保護者
　「親権を行う者、未成年後見人その他の者で、児童を現に監護する者」と定義されている。

ほかにも「障害児」＊4「妊産婦」＊5「保護者」＊6がそれぞれ定められている。

(2) 児童福祉施設

　児童福祉施設は児童福祉法第7条に規定されている。その体系は、①子どもの養育困難に対応する養護系施設である「助産施設」「乳児院」「児童養護施設」「母子生活支援施設」②子ども自身が抱える社会生活の適応困難に対する問題、行動上の問題に対応する心理・教護系施設である「児童心理治療施設」「児童自立支援施設」③子どもの発達障害に対応する障害系施設である「障害児入所施設」「児童発達支援センター」④子どもの保育に対応する保育系施設である「保育所」「幼保連携型認定こども園」⑤子どもの健全育成のための健全育成系施設である「児童厚生施設」⑥「児童家庭支援センター」である。

(3) 児童家庭福祉に関する実施機関

・児童相談所

　児童相談所は子どもの福祉に関する第一線の行政機関であり、児童福祉法第12条により都道府県・指定都市に設置が義務づけられている専門の相談機関である。2016（平成28）年時点で全国に209か所ある。児童相談所の職員は児童福祉司、児童心理司、医師、その他の専門職がおり、市町村との適切な役割分担、連携を図りながら、子どもに関する相談に応じ、社会・心理・医学的各側面から調査、診断、判定を行い、それに基づいて子どもと保護者に対して必要な指導、施設入所の措置、子どもの一時保護を行っている。児童相談所運営指針により運営され、子どもの福祉を図り、権利を擁護することを主たる目的としている。また、基本的条件として「児童福祉に関する高い専門性を有していること」「地域住民に浸透した機関であること」「児童福祉に関する機関、施設等との連携が十分に図られていること」の3つを満たしている必要がある。

・福祉事務所

　福祉事務所は、社会福祉法第14条に規定されている福祉に関する事務所である。生活保護法、児童福祉法、母子及び父子並びに寡婦福祉法、老人福祉法、身体障害者福祉法、知的障害者福祉法に定められている援護、育成、更生の措置に関する事務を所掌する福祉の第一線の行政機関である。児童家庭福祉に関する業務として、児童家庭福祉の諸制度やサービスの相談、申請、申し込み窓口となっている。また、福祉事務所の児童家庭相談室は児童相談所と連携を図りながら、地域の子ども福祉の相談先としての役割を担っている。都道府県、市（特別区含む）は設置が義務づけられており、2016（平成

28）年4月時点で全国に1,247か所ある。なお、1993（同5）年から都道府県福祉事務所は福祉三法*7を所管することとなった。

福祉事務所の職員は所長、査察指導員、現業員、身体障害者福祉司、知的障害者福祉司等である。社会福祉法第15条において査察指導員、現業員は社会福祉主事でなければならないとされている。

・保健所

保健所は、地域保健法により地域における公衆衛生の向上と増進を図る第一線の総合的な保健衛生行政機関である。広域的、専門的サービスを行い、市町村が行う保健サービスに必要な技術的援助を行う。児童家庭福祉に関する業務として、母子保健法による健康診査（または乳幼児健康診査）の実施、事後フォロー、訪問指導等により地域の子供の発達、健康を支援する役割を担っている。保健所の職員は医師、保健師、歯科医師、薬剤師、獣医師、診療放射線技師、臨床検査技師、管理栄養士などを置くとされている。2015（平成27）年4月時点で都道府県立364、政令市立99、特別区立23の計486か所設置されている。

*7 福祉三法
生活保護法、児童福祉法、母子及び父子並びに寡婦福祉法。

第4節 子育て支援対策

1990（平成2）年の「1.57ショック」を契機として日本でも少子化に関する取り組みが開始した。いわゆるエンゼルプラン、緊急保育対策5か年事業等の子育て支援策が行われ、その経緯は図Ⅱ-2-1である。

現在は子ども・子育て支援新制度が2015（平成27）年から施行されている。この制度は、都市部における待機児童解消、子どもが減少傾向にある地域の保育機能を確保する、地域における子ども子育て支援策を総合的に推進するものである。ここでは子ども・子育て支援給付、認定こども園制度の改善、地域の実情に応じた子ども・子育て支援の充実について説明する。

1──子ども・子育て支援給付

子ども・子育て支援給付は、①子どものための現金給付と②子どものための教育・保育給付からなる。①現金給付は原則として児童手当法の定めるところである。②子どものための教育・保育給付の実施主体は基礎自治体である。教育・保育の必要性の判定を行い、認定こども園・幼稚園・保育所を通じた共通の給付（施設型給付）や小規模保育等への給付（地域型保育給付）を行う。なお、私立保育園は従来の児童福祉法による利用のしくみであり、

図Ⅱ-2-1 子育て支援対策の経緯

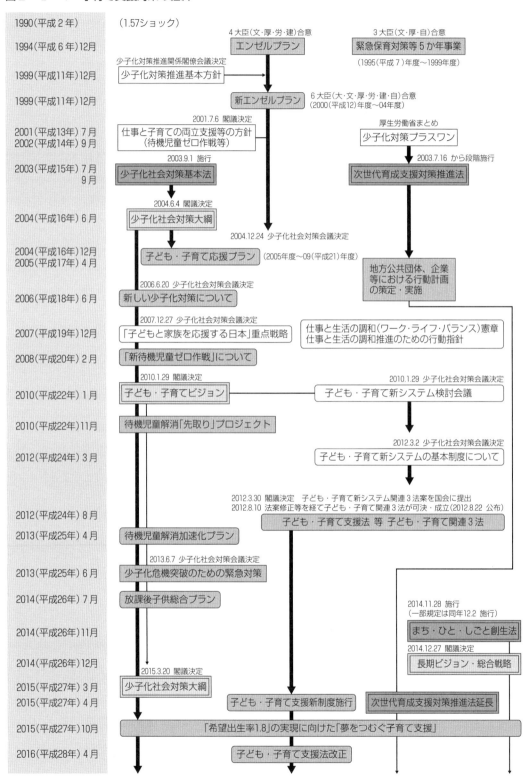

出典：厚生労働省『平成28年版厚生労働白書』日経印刷 2016年 p.180

私立幼稚園は従来通りか新制度の対象となるかを選択することができる。

2 ── 認定こども園制度の改善

2006（平成18）年度から認定こども園制度がスタートしたが、二重行政の問題等が指摘されてきた。就学前の子どもに関する教育、保育等の総合的な提供の推進に関する法律を改正し、新たに「学校および児童福祉施設としての法的位置づけを持つ単一の施設」である幼保連携型認定こども園を創設した。

3 ── 地域の実情に応じた子ども・子育て支援の充実

都道府県、市町村は地域の実情に応じた子ども・子育て支援の充実のために、国の基本指針に即して5年を1期とする市町村子ども・子育て支援事業計画、都道府県子ども・子育て支援事業支援計画を策定する。子ども・子育て支援事業とは、従来からの児童福祉法の子育て支援事業に規定されていたものに新規事業を加えた13事業である。主な事業は利用者支援事業（新規）、地域子育て支援拠点事業、乳児家庭全戸訪問事業、養育支援訪問事業、子育て短期支援事業、ファミリーサポートセンター事業、一時預かり事業、延長保育事業、病児保育事業、放課後児童健全育成事業（新規）、母子保健法に規定する妊婦健康診査等である。

児童養護問題

1 ── 児童養護問題と社会的養護体系

児童養護問題は深刻な子どもの問題の代表とされる。子どもの問題として、虐待、不登校、非行、ひとり親世帯などの問題があるが、根底にあるのは児童養護問題であると認識されている。児童養護問題とは、家庭で養護する条件が十分ではない、子どもの養育を家庭で継続できない状態を意味している。

こうした児童養護問題に対しての社会的対応が社会的養護である。社会的養護の体系としては、保育所などへの通園型、母子生活支援施設、里親の家庭型、児童養護施設、乳児院、小規模居住型児童養育事業（ファミリーホーム）などの居住型に整理されるが、日本では施設による居住型の社会的養護が圧倒的に多い。

2——児童養護施設入所理由にみる児童養護問題の変化

　児童養護施設は児童福祉施設のなかでも古い歴史をもっている。かつては孤児院と呼ばれていたが、現在は児童福祉法のもとで子どもの生活と発達、自立を保障する施設として位置づけられており、児童福祉法第41条では「保護者のない児童（乳児を除く。ただし、安定した生活環境の確保その他のこの条において同じ。）、虐待されている児童その他環境上養護を要する児童を入所させて、これを養護し、あわせて退所した者に対する相談その他の自立のための援助を行うことを目的とする施設とする」と規定されている。

　厚生労働省「平成27年度社会福祉施設等調査」によれば全国で594施設、約2万7,000人の子どもたちが児童養護施設で生活をしている。児童養護施設では、保育士、生活指導員、臨床心理士などが子どもたちの生活を支えている。

　厚生労働省「児童養護施設入所児童等調査」から児童養護施設入所理由を

表Ⅱ－2－1　児童養護施設入所理由の変遷（構成比）　　　　　　　　　　　　　　　　（単位：%）

理由／年次	1952	1961	1970	1977	1983	1987	1992	1997	2002	2009	2012
親の死亡	23.0	21.5	13.1	10.9	9.6	7.5	4.7	3.5	3.0	2.4	2.2
親の行方不明	7.1	18.0	27.5	28.7	28.4	25.3	25.3	14.9	10.9	6.9	5.3
父母の離別	4.0	17.4	14.8	19.6	21.0	20.1	13.0	8.5	6.5	4.1	2.9
棄児	11.5	5.0	1.6	1.3	1.0	1.3	1.0	0.9	0.8	0.5	0.4
父母の長期拘禁	3.4	4.3	3.0	3.7	3.8	4.7	4.1	4.3	4.8	5.1	4.9
父母の長期入院	5.3	16.2	15.7	12.9	12.8	11.5	11.3	9.2	7.0	5.8	4.3
父母の就労	*	3.3	1.8	1.0	0.7	1.1	11.1	14.2	11.6	9.7	5.8
虐待・酷使	*	0.4	2.5	2.4	2.4	2.9	3.5	5.7	11.1	14.4	18.1
放任・怠惰	*	5.7	4.7	4.5	5.6	6.3	7.2	8.6	11.6	13.9	14.7
父母の精神疾患等	*		5.6	5.1	5.5	5.2	5.6	7.5	8.1	10.7	12.3
両親等の不和	*	*	*	1.8	2.0	1.5	1.6	1.1	0.9	0.8	0.8
貧困	27.9	*	*	*	*	*	*	*	*	*	*
季節的就労	*	*	*	0.3	0.2	0.4	*	*	*	*	*
養育拒否	*	*	*	*	*	4.2	4.0	3.8	4.4	4.8
破産等の経済的理由	*	*	*	*	*	*	3.5	4.8	8.1	7.6	5.9
児童の問題による監護困難	*	*	*	*	*	6.2	5.4	3.7	3.3	3.8
その他	17.8	8.1	9.8	8.1	7.3	11.3	4.5	6.6	7.8	8.5	12.1

注：*は調査していない。また、上記数値には「不詳」は含んでいない。
資料：厚生省「養護児童等実態調査」、厚生労働省「児童養護施設入所児童等実態調査」各年版より筆者作成

みると、時代とともに理由は変遷している。

　表Ⅱ-2-1にあるように、1952（昭和27）年から父母の死亡は減り、1980年代は「親の行方不明」「父母の離別」が半数近くを占めていたが、2000（平成12）年に入ると、「放任・怠惰」「虐待・酷使」が増加している。2012（同24）年では「父母の精神疾患」は全体の12.3％、「破産等による経済的理由」は5.9％を占めている。現在、児童養護施設に入所している子どもの約半数は虐待の経験があると報告されている。こうした事情を反映して、児童養護施設に入所している子どものなかで、いわゆる孤児は非常に少なくなり、どちらかの親がいる子どもがほとんどになっている。

3 ── 児童養護問題の基底にあるもの

　児童養護問題の背景には、貧困がある。児童養護施設入所児童の親の大半が生活保護基準以下の収入であること、不安定な就労等による経済的貧困に加えて、養育能力の弱さ、孤立化が指摘されている。

　こうした実態の基底には、産業構造、就業構造、労働条件の変化にともなう生活基盤そのものの不安定化、家族の規模や形の変化、地域生活の変化など個人の力では解決し得ない社会経済的基盤があり、そのうえに貧困、権利侵害が積み重なっている。児童養護問題に示される問題構造は、児童養護問題だけではなく、児童福祉問題に共通している。

【引用文献】
1）ルソー、作田啓一・原好男訳『社会契約論・人間不平等起源論』白水社　1991年　p.15

【参考文献】
福田公教・山縣文治編『児童家庭福祉』ミネルヴァ書房　2010年
芝野松次郎・高橋重宏・松原康雄編『児童や家庭に対する支援と子ども家庭福祉制度』
　ミネルヴァ書房　2009年
竹中哲夫・垣内国光・増山均編『新・子どもの世界と福祉』ミネルヴァ書房　2004年
一番ヶ瀬康子・長谷川重夫・吉沢英子編『子どもの権利条約と児童の福祉──日本と世界の子どもたちに今しなければならないこと』ミネルヴァ書房　1992年
永井憲一・寺脇隆夫編『解説・子どもの権利条約』日本評論社　1990年

▶第3講　障害者福祉施策の展開と現状

▶はじめに

　本講では、①障害者福祉の理念、②社会福祉制度における「障害」の定義、③障害者施策の展開と現状、④障害者の生活実態を学ぶ。

　なお、近年「障害」を「障がい」と表記する動きが広がっている。この背景には、WHO障害定義（ICF）など障害に関する概念の普及があると考えられる。しかし、本書では、社会福祉における法制度を根拠として学習をするため、法に基づいて「障害」の表記を用いる。

第1節　障害者福祉の理念

1──国連障害者福祉のあゆみ

　障害者福祉の理念では1975年に国連総会で採択された、障害者権利宣言が重要である。この宣言は、1971年に採択された知的障害者の権利宣言の延長線上にあり、国際障害者年（1981年）の原動力になったとされている。

　障害者権利宣言の第3項は、「障害者は、その人間としての尊厳が尊重される生まれながらの権利を有している。障害者は、その障害の原因、特質及び程度にかかわらず、同年齢の市民と同等の基本的権利を有する。このことは、まず第一に、可能な限り通常のかつ十分満たされた相当の生活を送ることができる権利を意味する」と定めている。さらに、市民的・政治的権利、リハビリテーションの権利、生活水準を保つ権利があげられている。

　1981年の国際障害者年は、これらの権利が保障されるように、国際的行動が提起された。各国は障害者の「完全参加と平等」をテーマとしてそれぞれ行動計画を立て、その実現に向けて努力した。国際障害者年の課題の一つに障害の正しい概念の普及があったが、WHOの障害概念（ICIDH[*1]）をふまえて障害概念が示され、普及していった。

2──日本におけるあゆみ

　第二次世界大戦前の日本においては、障害者への対策は救貧対策の一環として行われていた。戦後の障害者施策は、身体障害者福祉法、知的障害者福

[*1] ICIDH（国際障害分類）
International Classification of Impairments, Disabilities, and Handicapsの略であり、WHOが1980年に出版した障害概念。
病気が原因となって機能・形態障害がおこり、それから能力障害が生じ、それが社会的不利をおこすというものである。社会的不利を認識した点に、大きな意義がある。

> **Column** 国際生活機能分類
>
> ICFは国際生活機能分類（International Classification of Functioning Disability and Health）の略であり、WHO（世界保健機関）が障害の構造を理解するために制定した基準である。1980年にWHOが制定したICIDHの改訂版として2001年に承認された。人が生きていくための機能全般を生活機能としてとらえ、「心身機能・身体構造」、ADL[*2]・家事・職業能力・屋外歩行等の生活行為全体である「活動」、家庭や社会生活での役割を果たす「参加」の3構成要素からなる。生活機能に影響をおよぼす因子として病気・けが等の「健康状態」、物的環境・人的環境・制度的環境の「環境因子」、年齢・性別等の「個人因子」の3つをあげている。このように、障害を人と環境が相互に影響しあって発生するととらえている。

[*2] ADL（日常生活動作）
第Ⅱ部4講p.98参照.

祉法を根拠法としているが、所得、医療、雇用など各法に分かれており、バラバラになりがちであった。また、第1節で述べた国際障害者年以来のさまざまな取り組みを経て、障害者対策の総合的運営を図るために1993（平成5）年、これまでの心身障害者対策基本法を改正し、障害者基本法を定めた。これにより障害者の完全参加と平等の理念や、雇用に関する民間業者の責務、公共的施設における障害者への配慮などが新たに規定された。1995（同7）年に政府の障害者施策推進本部において「障害者プラン～ノーマライゼーション7か年戦略～」が決定され、障害者施策で初めて数値目標が明記された。その後、2003（同15）年からの10か年「障害者基本計画（第2次）」を経て、2013（同25）年から2017（同29）年まで「障害者基本計画（第3次）」下にある。本計画では、「地域社会における共生等」「差別の禁止」「国際的協調」を基本原則としている。

2006年に国連は「障害者の権利に関する条約」を採択した。本権利条約は法的拘束力をもつものである。その目的は、「すべての障害者によるあらゆる人権及び基本的自由のかつ完全かつ平等の享有を促進し、保護し、及び確保すること並びに障害者の交友の尊厳を促進すること」とされている。2007（平成19）年に日本も署名し、2014（同26）年に批准した。

3──日本の障害者に対する基本的な理念

現在の障害者基本法第3条では、目的に「全ての国民が、障害の有無にかかわらず、等しく基本的人権を享有するかけがえのない個人として尊重されるものであるとの理念にのっとり、全ての国民が、障害の有無によって分け

隔てられることなく、相互に人格と個性を尊重し合いながら共生する社会を実現する」ことをあげている。そしてその社会の実現は、「全ての障害者が、障害がない者と等しく、基本的人権を享有する個人としてその尊厳が重んぜられ、その尊厳にふさわしい生活を保障される権利を有することを前提」とすると述べ、基本原則を定めている。

　また、この法律で障害者の定義を「身体障害、知的障害、精神障害（発達障害を含む。）その他の心身の機能の障害（以下「障害」と総称する。）がある者であって、障害及び社会的障壁により継続的に日常生活又は社会生活に相当な制限を受ける者をいう」とし、精神障害者も含むことが明確にされ、障害者全体を対象に総合的な協調的な対策を推進することになった。

　なお、児童福祉法では障害児の定義を「身体に障害のある児童又は知的障害のある児童又は精神に障害のある児童（発達障害者支援法に規定する発達障害児を含む。）又は治療法が確立していない疾病その他の特殊の疾病であって障害者の日常生活及び社会生活を総合的に支援するための法律第4条第1項の政令で定めるものによる障害の程度が同項の厚生労働大臣が定める程度である児童をいう」のように示している。

第2節　障害者福祉施策の展開と現状

　日本の障害者福祉は障害種別（身体障害、知的障害、精神障害）に制度がつくられ、整備されてきた。当初は施設中心であったが、しだいに地域での生活を保障することに政策の重点が移っている。

　2006（平成18）年から障害者自立支援法がスタートし、従来の障害者福祉サービスは障害者自立支援法のもとで再編が行われた。さらに、2013（同25）年4月より「障害者の日常生活及び社会生活を総合的に支援するための法律」（障害者総合支援法）に全面改正されている。

1――身体障害者福祉法

(1) 身体障害者福祉法の制定

　1949（昭和24）年に身体障害者福祉法が成立した。背景にはGHQ（連合国軍総司令部）による「傷痍軍人」への福祉対策が廃止されたことによる生活困窮があった。傷痍軍人たちは保護と身体障害者福祉法の制度化を求めた。当初の法の目的は「更生」と、職業的自立に置かれ、対象は社会復帰が可能な者に限られており、重度障害者は対象外であった。

現在は「障害者の日常生活及び社会生活を総合的に支援するための法律と相まつて、身体障害者の自立と社会参加を促進するため、身体障害者を援助し、及び必要に応じて保護」することで福祉の向上を図ることを目的としている。

(2) 身体障害者福祉の展開

1967（昭和42）年の改正で身体障害者の範囲を内部障害者（心臓・呼吸器）に拡大し、1967（同42）年には、法の目的に「生活の安定」を加え、重度障害者福祉の充実を図った。1990（平成2）年の改正は、法の目的を「自立と社会経済活動への参加」とし、居宅生活支援事業（身体障害者ホームヘルプサービス事業）が法定化された。1998（同10）年には内部障害にヒト免疫不全（HIV）ウイルスによる免疫機能障害、2010（同22）年の改正では肝機能障害が加えられた。

(3) 身体障害の定義と現状

身体障害者とは、都道府県知事から身体障害者手帳の交付を受けた18歳以上の者であり、法に定められた、「視覚障害」、「聴覚または平衡機能の障害」、「音声機能、言語機能またはそしゃく機能の障害」、「肢体不自由」、「心臓・腎臓・呼吸器・膀胱・直腸もしくは小腸もしくはヒト免疫不全ウイルスによる免疫の機能の障害、肝臓機能障害」であって、一定程度以上の障害をもった者である。身体障害の程度は、1級から7級とされている。

2011（平成23）年度の厚生労働省「生活のしづらさなどに関する調査（全国在宅障害児・者等実態調査）」[*3]によれば、身体障害者の数（身体障害者手帳所持者数）は、全国で386万4,000人、人口千人に対して30人の割合である。前回の2006（同18）年における調査と比較して、人数で8.1％増加している。身体障害になった理由は、65歳未満では「病気」43.3％、「事故・けが」9.6％、「出生時の損傷」8.6％、65歳以上では「病気」55.4％、「加齢」20.2％、「事故・けが」13.3％である。

なお、身体障害者の多くは、人生の途中で疾患や事故により身体障害を有するようになった、中途障害者である。

*3 従来の「身体障害児・者実態調査」「知的障害児（者）基礎調査」を統合・拡大した「生活のしづらさなどに関する調査」となった。

(4) 身体障害者手帳

身体障害者に対する障害福祉サービスを利用するためには、「身体障害者手帳」が必要である。身体障害者手帳は、身体障害者福祉法別表に該当する障害者に交付される。

身体障害者手帳の申請先は、居住地の市区町村の障害福祉の担当窓口（福

祉事務所や福祉担当課）であり、交付は都道府県知事（指定都市、中核市の長）が行う。

2——知的障害者福祉法

(1) 知的障害者福祉法の制定

　1947（昭和22）年に児童福祉法が制定され、「精神薄弱児施設」が法制度化された。しかし、18歳になると児童福祉法の対象外となることから、知的障害児の親たちが中心となり、成人した知的障害者のための法制度化を要請し、「精神薄弱者福祉法」が1960（同35）年に制定された。その後、知的障害者福祉の施設として知的障害者援護施設[*4]などが整備された。1999（平成11）年に「精神薄弱」が「知的障害」に改められ、法の名称も「知的障害者福祉法」となった。

　現在の法の目的は、「知的障害者の自立と社会参加を促進するため、知的障害者を援助するとともに必要な保護を行い」知的障害者の福祉を図るとされている。

> ＊4　知的障害者援護施設
> 　知的障害者デイサービスセンター、知的障害者更生施設、知的障害者授産施設、知的障害者通勤寮、知的障害者福祉ホームの総称。

(2) 知的障害者福祉の展開

　1985（昭和60）年の改正で、一般企業に就労できないでいる知的障害者のための福祉工場が創設された。1990（平成2）年の改正では、精神薄弱者居宅生活支援事業として精神薄弱者居宅介護事業、精神薄弱者短期入所事業、精神薄弱者地域生活援助事業（グループホーム）が法定化され、2000（同12）年に知的障害者デイサービス事業が加わった。

 Column　　ゆたか福祉会

　ゆたか福祉会は、1969（昭和44）年に日本で初めて無認可共同作業所「ゆたか共同作業所」をつくった。働く場への知的障害者とその親や家族の願いや要求に応えて、家族や教師、地域の関係者の協力のもと無認可の作業所としてスタートした。障害者の働く権利保障、発達保障を軸として社会福祉実践を展開し、次々と共同作業をつくり、それは「共同作業所つくり運動」として全国へも広がった。

　また、働く場だけではなく、障害者の住み慣れた街で暮らし続けたいという願いを実現するために、「ゆたか希望の家」、福祉ホーム、通勤寮、グループホームへと暮らしの場を広げている。

(3) 知的障害の定義と現状

知的障害について法律に定義はないが、2000（平成12）年「知的障害児（者）基礎調査」において、「知的機能の障害が発達期（おおむね18歳まで）にあらわれ、日常生活に支障が生じているため、何らかの特別の援助を必要とする状態にあるもの」とされている。障害の程度を軽度、中度、重度、最重度と分けることもある。

前述の「生活のしづらさなどに関する調査」によれば、療育手帳所持者数は62万1,700人（うち18歳未満24.4％、18歳以上74.8％）であり、2005（平成17）年の調査より約2万人増加したと推計されている。障害となった原因は、65歳未満では「わからない」40.1％、「病気」17.0％、「出生時の損傷」15.8％であり、65歳以上では「病気」47.6％、「加齢」16.7％、「わからない」15.1％である。

(4) 療育手帳

療育手帳は知的障害児・者に対して一貫した指導・相談等を行うとともに、相談・サービスを受けやすくするための手帳である。1973（昭和48）年の厚生省（当時）の通知により、都道府県が療育手帳を交付することとなった。この通知で重度障害の定義をしているが、その他の障害の程度については明らかにしていない。また、都道府県により障害程度区分は異なる。

療育手帳の申請先は、居住地の市区町村の障害福祉の担当窓口（福祉事務所や福祉担当課）であり、交付は都道府県（指定都市、中核市の長）が行う。

3 ── 精神保健及び精神障害者福祉に関する法律

(1) 精神保健及び精神障害者福祉に関する法律の制定

精神障害者は長年医療の対象とされてきた歴史がある。1950（昭和25）年に精神衛生法が制定されたが、この法律は、障害者に対する適切な医療と保護の提供を目的としていた。1965（同40）年、精神衛生法が改正され、通院医療費公費負担制度が創設された。1987（同62）年には、精神衛生法が精神保健法へ名称が変更された。1993（平成5）年、障害者基本法で精神障害者が初めて法的に障害者として明記され、社会福祉の対象とされた。1995（同7）年、精神保健法が改正され、精神保健及び精神障害者福祉に関する法律（精神保健福祉法）が制定された。この改正で、精神障害者保健福祉手帳制度が創設され、社会復帰施設の充実、福祉ホーム、福祉工場が加えられた。

(2) 精神保健及び精神障害者福祉に関する法律の展開

1999（平成11）年の精神保健福祉法の改正により、居宅介護等事業、短期入所事業が法定化された。

2013（同25）年、精神保健及び精神障害者福祉に関する法律の一部を改正する法律が成立した。これは、精神障害者の地域生活への移行を促進することを目的としている。具体的には、精神障害者の医療に関する指針の策定、保護者制度の廃止、医療保護入院の手続きの見直しと病院管理者への退院促進措置の義務づけ、精神医療審査会に関する見直しである。

(3) 精神障害者の定義と現状

精神障害者は、精神保健福祉法（第5条）において「統合失調症、精神作用物質による急性中毒又はその依存症、知的障害、精神病質その他の精神疾患を有する者」と定義されている。障害の程度は1級から3級に区分されている。2014（平成26）年の厚生労働省「患者調査」によれば、精神疾患で入院または外来治療を受けている患者数は約392万人（入院：約31万人、外来患者：約361万人）と推計されている。疾患別の内訳は、入院患者の約5割は統合失調症であり、外来患者は気分障害が約3割、統合失調症、神経症性障害がそれぞれ約2割である。なお、同年における精神障害者保健福祉手帳交付者数は80万3,653人であり、2013（同25）年より約5万人増加している。

(4) 精神障害者保健福祉手帳

精神障害者の社会復帰を図り、自立および社会参加を促進することを目的として精神障害者保健福祉手帳が交付される。対象は、精神疾患を有する者のうち、精神障害のために長期にわたり日常生活や社会生活への制約があるため手帳の交付を希望する者である。交付後は、2年ごとに障害の状態の認定を受ける。精神障害者福祉手帳の申請先は、居住地の市区町村の障害福祉の担当窓口（福祉事務所や福祉担当課）であり、交付は都道府県知事（指定都市、中核市の長）が行う。

4 ── 発達障害者支援法

(1) 発達障害者支援法の制定と展開

自閉症、学習障害（LD）、注意欠陥多動性障害（ADHD）は、障害福祉施策の対象としてとらえられていなかった分野である。そのため、発達障害の定義を明確にし、理解を促進し、地域における一貫した支援の確立を目的とした発達障害者支援法が2004（平成16）年に成立した（2005〔同17〕年より

施行)。2016(同28)年に改正され、発達障害者の定義を「発達障害がある者であって発達障害及び社会的障壁により日常生活又は社会生活に制限を受けるもの」とし、発達障害者支援の基本理念を規定した。また、国、地方公共団体は、発達障害児の教育についての個別教育支援計画の作成や、いじめ防止等のための施策を推進することとなった。

(2) 発達障害者の定義と現状

発達障害者支援法は、発達障害を「自閉症、アスペルガー症候群その他の広汎性発達障害、学習障害、注意欠陥多動性障害その他これに類する脳機能の障害であってその症状が通常低年齢において発現するものとして政令で定めるものをいう」(第2条1項)としている。

前述の「生活のしづらさ等に関する調査」によれば、医師から発達障害と診断されたものは31万8,000人と推計され、療育手帳所持者59.7%、身体障害者手帳所持者17.6%、精神障害者保健福祉手帳所持者16.4%である。

5 ── 専門機関

(1) 身体障害者更生相談所

身体障害者更生相談所は、身体障害者福祉法第11条により、身体障害に関する専門機関として都道府県に設置が義務づけられている。主な業務は、相談・判定、市町村等に対する技術的・専門的助言等である。来所だけではなく巡回相談も行っている。障害者総合支援法により、意思疎通支援を行う専門性の高い者の養成派遣事業等が加わった。なお、都道府県は本相談所に身体障害者福祉司[*5]を置かなければならない。

> *5 **身体障害者福祉司**
> 福祉事務所、身体障害者更生相談所に配置され、身体障害者に関する専門的な相談、指導などを行う。

(2) 知的障害者更生相談所

知的障害者更生相談所は、知的障害者福祉法第12条により都道府県に設置が義務づけられている。主な業務は、身体障害者更生相談所と同様、相談・判定、市町村に対する専門的助言等であり、巡回相談も行っている。また、都道府県は本相談所に知的障害者福祉司[*6]を置かなければならない。

> *6 **知的障害者福祉司**
> 福祉事務所、知的障害者更生相談所に配置され、知的障害者に関する専門的な相談、指導などを行う。

(3) 精神保健福祉センター

精神保健福祉センターは、精神保健福祉法第6条により、精神保健および精神障害者に関する知識の普及、研究調査、相談および指導のうち複雑または困難なものを行う都道府県の精神保健の総合的技術的中核機関として位置づけられている。主な業務は、相談・判定、市町村への技術指導および援助、

精神医療審査会の事務局等である。

(4) 発達障害者支援センター

発達障害者支援センターは、発達障害者支援法第14条により、相談、指導・助言、関係機関との連携、発達障害者に対する支援を総合的に行う地域の拠点とされている。

(5) 福祉事務所

福祉事務所は、身体障害者福祉法、知的障害者福祉法の施行に関して広域調整、相談、助言、必要な情報提供を行うなどの業務を行う。市町村の福祉事務所には身体障害者福祉司、知的障害者福祉司を置くことができる。

(6) 保健所

保健所は、精神保健福祉相談、訪問指導、管内の実態把握等を行っている。2002（平成14）年以降は市町村が地域で生活する精神障害者をより身近な地域で支援することとなり、保健所は専門性や広域性が必要なことがらについて市町村を支援することが求められている。

第3節　障害者総合支援法の展開と現状

1 ── 障害者自立支援法

*7　措置制度
　第Ⅱ部5講 p.111参照。

21世紀に入り、障害者福祉施策はめまぐるしく変化している。2003（平成15）年には、それまでの措置制度*7による障害者福祉が、利用契約による支援費制度に変わり、2006（同18）年に障害者自立支援法が施行された。障害者自立支援法の目的は、「障害者及び障害児がその有する能力及び適性に応じ、自立した日常生活または社会生活を営むことができるよう」行うこととし、従来の障害種類別、年齢別に整えられていた制度体系を統合することとなった。つまり、障害の種類、年齢を問わず同じ体系でサービスを給付することになった。

財源は、国が費用の2分の1、都道府県が4分の1、市町村が4分の1を負担し、加えて利用者の一部負担を強化した。障害者は利用したサービスの1割を一律に負担しなければならなくなった（応益負担）。

さらに、サービス給付は指定事業者によって行うこととなり、障害者は事業所と契約をしてサービスを受けることになった。

Ⅱ－3 障害者福祉施策の展開と現状

　障害者自立支援法の課題として、障害者の自己負担が増加したこと、制度設計が在宅志向に傾いており、家族負担が強まっていること、サービス費の単価が安く、日割り、人数割りで費用が施設に支払われることになり、施設経営が困難となったことが指摘された。障害者は厚生労働省を相手に、障害者自立支援法は違憲であるとの訴訟[*8]をおこした。訴訟では、障害者自立支援法は障害者の基本的人権を侵害していると訴えた。

[*8] 障害者自立支援法違憲訴訟は、2010（平成22）年12月に合意に達し、訴訟は終結した。

2 ――「障害者の日常生活及び社会生活を総合的に支援するための法律」の施行

　国は障害者自立支援法を見直し、新たな障害者福祉制度をつくるとして、2012（平成24）年に障害者の日常生活及び社会生活を総合的に支援するための法律（障害者総合支援法）が成立し、2013（同25）年4月に施行された。これにより、法の目的が「自立」に代わり「基本的人権を享有する個人としての尊厳」と明記された。また、各障害者福祉法と児童福祉法に定義されている障害児・者に加え、それらに定義されていなかった難病等を追加し、重度訪問介護の対象者の拡大、ケアホームとグループホームの一元化等も示された。また、利用者負担の軽減を図るために負担上限月額が設定されている。

　なお、附則では施行後3年を目途として障害福祉サービスのあり方等について検討を加え、その結果に基づいて必要な措置を講ずるとされており、2016（同28）年5月に障害者総合支援法の改正が成立したところである。主な内容は、障害者の望む地域生活の支援、障害児支援のニーズの多様化へのきめ細かな対応、サービスの質の確保・向上に向けた環境整備である。

3 ――障害者総合支援法の内容

　各障害者福祉の分野では、第2節で述べたように障害の種別ごとに施設、在宅福祉施策を整備してきたが、施設は2006（平成18）年から5か年間を経過期間として、障害者自立支援法の施設（障害者支援施設）に移行した。ホームヘルプ、ショートステイ、デイサービスなどの在宅福祉サービスも施設と同様に障害者自立支援法のもとで再編された。

　ここでは障害者総合支援法における障害児・者を対象としたサービス[*9]について述べる（図Ⅱ－3－1参照）。

[*9] 障害児の施設は、児童福祉法に位置づけられている。障害児入所施設と児童発達支援センターの2区分となった。

(1) 市町村・都道府県の役割

　障害者総合支援法では市町村が一元的に制度を運用する。具体的には障害支援区分の認定、自立支援給付費等の支給決定、地域生活支援事業の実施、

図Ⅱ-3-1　障害者・児を対象としたサービス

出典：全国社会福祉協議会編『障害福祉サービスの利用について（平成27年4月版）』2015年　p.3

市町村障害福祉計画の策定である。都道府県は、都道府県障害福祉計画を策定し、情報提供、助言等広域的立場からの市町村支援と指定サービス事業者の指定を行う。

(2) **障害者・児を対象としたサービス**

　自立支援給付とは、介護給付、訓練等給付、自立支援医療、補装具の支給である。

　介護給付とは、居宅において介護を受ける居宅介護、障害者生活支援施設において昼間に介護や日常生活上の支援を受ける生活介護、施設入所する障害者に対して夜間に介護等を受ける施設入所支援等からなる。

訓練等給付は自立訓練や、就労へ向けての就労移行支援、就労継続支援A型・B型、共同生活援助（グループホーム）である。

自立支援医療とは、従来の障害者への公費負担医療制度を自立支援医療として位置づけたものである。これらは、障害者自立支援法制定前は各障害者福祉法により「更生医療」、「育成医療」、「精神通院医療」とされていた。

補装具とは、障害者等の失われた部位や機能を補い、日常生活や職業生活を容易にする用具であり、自立支援給付に位置づけられた。

(3) 地域生活支援事業

地域生活支援事業とは、障害者が自立した日常生活や社会生活を送ることができるよう地域の特性、障害者の状況に応じ、市町村、都道府県が独自に行う事業である。必須事業とその他があり、そのなかでも市町村は、相談支援事業を障害種別にかかわらず、一元的に行う。都道府県は相談支援事業のうち専門性の高い相談事業等を行う。

(4) 障害者の利用方法の変化

以前は各障害者福祉法のもと施設、サービスの多くは措置制度によっており、障害者の負担は資力に応じた「応能負担」であった。

現在、障害者総合支援法のサービスを利用するためには、市町村から支給決定を受け、利用者が指定事業所・施設を選択し、契約をして利用する。その後、サービスの提供を受け、利用者負担を事業所・施設へ支払う（応益負担）。このように、利用者が事業所・施設を選択することができる。利用者

 Column 障害者の雇用の促進等に関する法律（障害者雇用促進法）

本法律は、障害者の雇用義務等に基づく雇用の促進等のための措置、職業リハビリテーションの措置等を通じて、障害者の職業の安定を図ることを目的にしている。事業主、国・地方公共団体の責務を明らかにしている。

事業主に対しては、「雇用義務制度」により、障害者雇用率（法定雇用率）に相当する人数の身体障害者・知的障害者等の雇用を義務づけ、納付金制度により障害者の雇用に伴う事業主の経済的負担の調整を図り、雇い入れるための施設設備、介助者の配置等に助成を行う。

障害者本人に対しては、ハローワーク、地域障害者職業センター、障害者就業・生活支援センターにおいて職業リハビリテーションの実施を行う。2013（平成25）年改正により雇用分野における障害者に対する差別の禁止、合理的配慮の提供義務、苦情処理・紛争解決援助、法定雇用率に精神障害者を加えることになった。

負担は応能負担のときよりも低額となったが、利用負担が過重にならないよう所得による上限が設けられている（負担上限月額）。

第4節　障害者福祉の意義

　前述の生活のしづらさなどに関する調査によれば、障害者の多くは自宅、地域で家族とともに生活をしている。ここでは「身体障害者の外出調査」[*10]から生活実態と障害者福祉の意義について考える。

　調査の結果、多くの身体障害者は一人で、歩行して外出していることが明らかになった。従来、外出障害が少ないと考えられていた、「障害程度3・4級の方」、「聴覚障害」、「上肢のみ」でも外出困難があることがわかった。特に、「下肢・体幹1・2級」、「視覚障害1・2級」の方への便宜が図られる必要があった。

　なにより歩行による外出が容易に整備される必要があった。その後、本調査結果をもとに「高齢者、身体障害者等の公共交通機関を利用した移動の円滑化の促進に関する法律」（交通バリアフリー法）が2000（平成12）年に制定・施行された。この法律では歩行の保障が重視されている。その後、バリアフリー新法として従来の交通バリアフリー法と「高齢者、身体障害者等が円滑に利用できる特定建築物の建築の促進に関する法律」（ハートビル法）[*11]を一本化した「高齢者、障害者等の移動等の円滑化の促進に関する法律」が2006（同18）年から施行されている。本法では、法の対象が拡大し、従来の身体障害者だけではなく、知的障害者、精神障害者、発達障害者とすべての障害者が対象となった。

　具体的な例として外出実態を検討したが、障害の程度などの「身体の状況」と道路設備等の「環境の状況」そして家族・収入の「生活の状況」の重なりによって外出の有無、外出頻度、外出方法、外出先は強く影響されており、その生活の広がりは狭い。

　障害の日常生活への具体的な現れ方により生じる日常生活、社会生活を送るうえでの支障、不都合を社会的に軽減、解消するための方策、努力が障害者福祉である。

*10　1996（平成8）年、1997（同9）年にA市身体障害者手帳所持者のうち1級から4級を対象に実施。

*11　高齢者、身体障害者等が円滑に利用できる特定建築物の建築の促進に関する法律
　1994（平成6）年制定、病院、劇場、百貨店等不特定多数かつ多数の人が利用する公共的建築物の建築主は、出入口、廊下、昇降機、トイレ等国土交通大臣が定めた判断基準に従い措置する努力義務があった。

Column バリアフリー

バリアとは障害者などの自由な生活を妨げる障壁のことをいう。したがって、バリアフリーとは障壁となる環境を変え、自由に行動できることを示す。ガイドラインの策定、法整備がすすんでいる。

【参考文献】

小澤温編『よくわかる障害者福祉(第5版)』ミネルヴァ書房　2013年

世界保健機関、障害者福祉研究会編『ICF国際生活機能分類―国際障害分類改訂版』中央法規出版　2002年

厚生労働統計協会編『国民の福祉と介護の動向2016/2017』厚生労働統計協会　2016年

厚生労働統計協会編『国民衛生の動向2016/2017』厚生労働統計協会　2016年

峰島厚著『転換期の障害者福祉―制度改革の課題と展望』全国障害者問題研究会出版部　2001年

大野勇夫・川上昌子他「障害者の外出に関する調査研究―道路等のバリアフリー調査結果の概要その1」『日本福祉大学紀要』(第100巻第1号)　1999年

社会福祉法人ゆたか福祉会企画、秦安雄・西尾普一・鈴木清覚編『障害者のゆたかな未来を―ゆたか福祉会の20年のとりくみ』ミネルヴァ書房　1989年

ゆたか福祉会:ゆたか福祉会とは

http://www.yutakahonbu.com/about/(平成29年8月28日閲覧)

▶第4講　高齢者福祉施策の展開と現状

▶はじめに

　本講では高齢者福祉について学ぶ。社会福祉イコール高齢者福祉あるいは介護をイメージされることが多いが、政策としては1960年代に取り組まれている。主に本講では、①高齢者の生活問題について生活実態と照らして学ぶ。そして、高齢者の生活実態を学び、これをふまえて、高齢者福祉施策について②老人福祉制度の変遷、③老人福祉施策の広がりと現状を学ぶ。なお、高齢者は65歳以上とする。

第1節　高齢者の生活実態と特徴

1 ── 高齢者の生活実態

　総務省「平成27年国勢調査」によれば、日本の総人口は1億2,709万4,745人、65歳以上人口は3,346万5,441人、総人口に占める割合（高齢化率）は26.6％である。ここで留意しなければならないことは、すべての高齢者が要援護状態にあるわけではないことである。周知のように日本の高齢者の就業率は欧米に比べて高く、約21％である。つまり、65歳以上の20％は仕事をしているのである。一方、介護保険認定者は約620万人であり、65歳以上の18.5％[*1]である。多くの高齢者は社会的、あるいは家庭、地域において何らかの役割を担っていることを忘れてはならない。

　次に総務省「平成27年国民生活基礎調査」から生活条件である世帯（家族）と収入についてみる。総世帯数の47.1％が65歳以上の者のいる世帯である。65歳以上の者のいる世帯構造別では、単独世帯26.3％、夫婦のみの世帯31.5％であり、総世帯数の53.5％は高齢者だけで暮らしている。三世代同居は12.2％に過ぎない。また、高齢者世帯の総所得は297.3万円、公的年金・恩給が67.5％、稼働所得が20.3％である。

2 ── 高齢者の生活問題を引き起こす諸要素

　高齢者の生活問題を引き起こす諸要素として、①就労、②収入、③住宅、④疾病・ADL[*2]の低下、⑤家族をあげることができる。これらが重なり合っ

[*1] 厚生労働省「平成27年度介護保険事業状況報告年報」、同年「国勢調査」より算定。

[*2] ADL(activities of daily living)
日常生活動作。摂食、整容、用便、更衣、入浴等の動作をいう。

て生活問題*3が生ずることが多い。

*3 生活問題
第Ⅰ部6講p.44参照。

(1) 就労

　高齢期になると、心身能力の減退により労働能力の減退・喪失を迎えることがある。このことにより労働から引退することになる。労働からの引退は高齢期の生活に大変大きな影響力をもっている。

　今日の日本では心身能力より、「定年」という社会的制度として労働から引退するしくみとなっている。個々人の生活状況は考慮されず、一定の年齢で労働から引退することになり、稼働収入を失うことになる。ところが、定年年齢と社会保障制度の年金受給開始年齢は一致していない。また、公的年金の金額は自分で決めることはできない。先に日本の高齢者の就業率は高いとしたが、その実際は非正規が多い。

　労働からの引退により安定した稼働収入を失うことが、もっとも大きく高齢期の生活に影響を与え、生活基盤を不安定にしているのである。

(2) 収入

　(1)のように、労働から引退することにより収入が稼働収入から社会保障給付（公的年金制度*4）へ変化する。公的年金の額は、現役時の所得、年金保険加入期間などにより計算され決まっている。その金額は現役時の収入に比べると低い。したがって、多くの高齢者は年金の範囲のなかで暮らすことになる。日本の公的年金は社会保険方式をとっているために、国民皆年金ではあるものの年金受給の条件が整わず、無年金高齢者も存在する。

*4 公的年金制度
第Ⅲ部4講p.144参照。

(3) 住宅

　住宅は生活の場、身を置くところ、生活を継続する場所として重要である。日本の高齢者は持ち家率が高いといわれているが、すべての高齢者が持ち家に住んでいるわけではない。持ち家であっても家屋・土地の税金、維持費を支払わなければならない。また名義が誰のものかによっても安定度は異なる。持ち家でない場合は、今の収入のなかから家賃を支払わなければならない。また原則として賃貸住宅では住宅改修は困難である。

　高齢者の住宅を考える際に、どのような状況になっても住み続けることができるかが重要である。

(4) 疾病・ADLの低下

　高齢期になると有病率が高くなる。慢性的な疾病が多く、長期にわたり療養生活を送ることになる。さらに老化によりADLが低下し、介助や介護が

必要な状態になる可能性がある。

(5) 家族

　家族（世帯）は生活の最小の単位である。家族がいるか、いないか、家族がいた場合の家族の形（構成）、人数はそれぞれ異なる。第1項で確認したように、今日の高齢者の半数は「ひとり暮らし」「夫婦」などの高齢者だけで暮らしている。さらに、家族の形は変化していく。家族がいても必ずしも安定的ではないのである。

3 ── 日本の高齢者の特徴

　川上は、高齢者の生活を規定する条件として住宅の所有関係、年金額、同居の状況からとらえ、経済的条件のもとに同居、別居があることを指摘している。さらに、高齢者の家族形態は「一定の家族の形を保持するものではなくて変化する」[1)]ことを明らかにした。日本の高齢者は「豊か」といわれるが、生活条件は決してよくなく、高齢者にとっては生きにくい、生活しにくい社会であるとしている。その生活条件をカバーしているのは家族である。しかし、すべての家族がカバーできるのではない。

第2節　老人福祉制度の変遷

1 ── 救貧施策から福祉へ

　これまで学習したように戦前の日本においては何らかの保護を必要とする高齢者は、恤救規則[*5]、救護法[*6]などの貧困対策で対応していた。救護法では、救護施設として「養老院」がつくられ、施設で保護することが中心であった。養老院は、戦後は生活保護法に引き継がれ、その後、老人福祉法により老人ホームとなった。

*5　恤救規則
　　第Ⅱ部1講p.58参照。

*6　救護法
　　第Ⅱ部1講p.58参照。

2 ── 老人福祉法制定の背景と意義

　1963（昭和38）年に老人福祉法が制定され、初めて老後の社会的な保障が実施されることになった。老人福祉法の制定の背景には高度経済成長による老人の生活の変化があった。老人福祉法制定時の通達「老人福祉法の施行について」のなかにも老人の生活は、「社会環境の著しい変動、私的扶養の減

退等により不安定なものとなり、さらに老齢人口の増加の傾向と相まって一般国民の老人問題への関心」[2]が高まったことがあげられている。具体的な例として、労働力流動化政策による若年労働力の都市への流出がある。これにより農村は過疎化し、農村に残った老人の生活保障、介護問題が明らかになった。

　この法律は、老人が抱える生活問題は個人的な努力や方法では解決できないことがわかってきたので、社会的な解決の方法・制度の必要性から制定されたと意味づけられている。老人を独立した社会保障の対象として規定し、そのことにより老人福祉の理念、考え方をつくり出し、老人福祉という独立した政策制度をつくってきた意義は大変大きい。

　老人福祉法は、老人福祉の目的と理念を第1条で「老人に対し、その心身の健康の保持及び生活の安定のために必要な措置を講じ、もつて老人の福祉を図る」とし、第2条では「老人は多年にわたり社会の進展に寄与してきた者として、かつ、豊富な知識と経験を有する者として敬愛されるとともに、生きがいを持てる健全で安らかな生活を保障されるもの」と明らかにしている。また、第4条で、国および地方公共団体は老人の福祉を増進する責務を有するとしている。

　老人福祉法には①居宅における介護、②老人ホームへの入所などの具体的な「措置」と③老人クラブ、レクリエーションなどの老人福祉推進のための事業などが定められている。老人福祉施設として特別養護老人ホーム、養護老人ホーム、軽費老人ホーム、老人福祉センターが位置づけられ、家庭奉仕員派遣事業（現：ホームヘルプサービス事業）が制度化された。

　1978（昭和53）年にショートステイ事業、1979（同54）年にデイサービス事業が制度化され、しだいに在宅福祉サービスの内容が整えられた。これにより、施設も本来の施設機能に加えて、デイサービスなどの在宅福祉サービスを提供するようになった。また、サービス対象者も低所得世帯から一般世帯へ拡大され、有料の自己負担で利用できるようになった。諸サービスの利用負担は経済力に応じた「応能負担」である。

3──老人福祉法の改正──老人医療費無料化──

　高齢者にとって医療は重要なことであるが、制定当時の老人福祉法には医療保障の制度がなかった。1960年代には「国民皆保険」体制が整い、すべての国民が医療保険制度に加入し、医療を受けることができていたが、多くの高齢者は経済的理由から受診を避けがちであった。そこで、一部の自治体において、老人の医療費を無料にすることを始めていた。

国も、1972（昭和47）年から70歳以上（寝たきり等の場合は65歳以上）の老人の医療費を無料にすることにし、老人福祉法の改正を行った（第Ⅲ部6講参照）。

第3節 「老人福祉」から「高齢者保健福祉」へ

1——老人保健法制定の背景

老人の医療費無料化により多くの方が安心して医療を受けることができるようになった。高齢者の受診率は上がったが、一方で医療保険制度のうち、高齢者の割合が高い医療保険制度においては、保険財政におよぼす影響が大きくなっていった。そのため主に医療費の財政面を理由として、70歳以上（制定当時）の高齢者を対象とする老人保健法が1983（昭和58）年に施行された。これにより、老人福祉法による老人医療費無料化は廃止され、老人医療費は有料となった（第Ⅲ部6講参照）。

2——高齢者保健福祉へ

1980年代後半になると、高齢化の進展とともに介護を要する高齢者が増加しつつあった。さまざまなサービスメニューは増えたが、「私的介護優先」であり、国民のニーズに応えていなかった。こうした「私的介護優先」には従来から批判があり、1980年代の終わりに国は「家族介護支援」へと政策を転換した。

高齢者介護の基盤整備を図るために「高齢者保健福祉推進十か年戦略（ゴールドプラン）」が1989（平成元）年に策定された。そのなかで市町村における在宅福祉対策の緊急整備事業として各サービスの数値目標が設定され、在宅福祉三本柱（ホームヘルプサービス、デイサービス、ショートステイ）の拡充が目指された。また、従来の保健、福祉、医療がバラバラではなく相互に連携することが政策的に重視されるようになり、「老人福祉」から「高齢者保健福祉」が政策的に推奨されるようになった。1990（同2）年には老人福祉法等の社会福祉八法[*7]の改正が行われ、特別養護老人ホームへの入所、ホームヘルパー派遣の権限が都道府県から市町村へ移譲された。また、老人保健福祉計画についても策定されることとなった。

*7　社会福祉八法
老人福祉法、身体障害者福祉法、精神薄弱者福祉法、児童福祉法、母子及び寡婦福祉法、社会福祉事業法、老人保健法、社会福祉・医療事業団法（当時）。

表Ⅱ-4-1　高齢者保健福祉の変遷～救貧的施策から普遍化・一般化へ～

1960年代　高齢者福祉の創設	
1962（昭和37）年	訪問介護（ホームヘルプサービス）事業の創設
1963（ 同 38）年	老人福祉法制定
1968（ 同 43）年	老人社会活動促進事業の創設（無料職業紹介など）
1969（ 同 44）年	日常生活用具給付等事業の創設 ねたきり老人対策事業（訪問介護、訪問健康調査など）の開始
1970年代　老人医療費の増加	
1970（ 同 45）年	社会福祉施設緊急整備5か年計画の策定
1971（ 同 46）年	中高年齢者等雇用促進特別措置法制定（シルバー人材センター）
1973（ 同 48）年	老人医療費無料化
1978（ 同 53）年	老人短期入所生活介護（ショートステイ）事業の創設 国民健康づくり対策
1979（ 同 54）年	日帰り介護（デイサービス）事業の創設
1980年代　保健・医療・福祉の連携と在宅サービスの重視	
1982（ 同 57）年	老人保健法制定（医療費の一部負担の導入、老人保健事業の規定） ホームヘルプサービス事業の所得制限引上げ（所得税課税世帯に拡大、有料制の導入）
1986（ 同 61）年 1987（ 同 62）年	地方分権法による老人福祉法改正（団体委任事務化、ショートステイ・デイサービスの法定化） 老人保健法改正（老人保健施設の創設）
1988（ 同 63）年	社会福祉士及び介護福祉法制定 第1回全国健康福祉祭（ねんりんピック）の開催
1989（平成元）年	第2次国民健康づくり対策 高齢者保健福祉推進十か年戦略（ゴールドプラン）の策定 健康長寿のまちづくり事業の創設
1990年代　計画的な高齢者保健福祉の推進	
1990（ 同 2 ）年	福祉八法改正（在宅サービスの推進、福祉サービスの市町村への一元化、老人保健福祉計画） ねたきり老人ゼロ作戦 在宅介護支援センターの創設 介護利用型軽費老人ホーム（ケアハウス）の創設
1991（ 同 3 ）年	高齢者世話付住宅（シルバーハウジング）生活援助員派遣事業の創設
1992（ 同 4 ）年	老人保健法改正（老人訪問看護制度創設）
1993（ 同 5 ）年	福祉人材確保法（社会福祉事業法等の改正）
1994（ 同 6 ）年	福祉用具の研究開発及び普及の促進に関する法律の制定
1995（ 同 7 ）年	新・高齢者保健福祉推進十か年戦略（新ゴールドプラン）の策定
1997（ 同 9 ）年	高齢社会対策基本法制定 介護保険法制定
1999（ 同 11）年	痴呆対応型老人共同生活援助事業（痴呆性老人グループホーム）の創設 今後5か年間の高齢者保健福祉施策の方向（ゴールドプラン21）の策定 介護休業の義務化
2000年代　新たな介護制度の開始	
2000（ 同 12）年	介護保険法施行
2008（ 同 20）年	高齢者の医療の確保に関する法律施行

出典：厚生省『平成12年度厚生白書』ぎょうせい　2000年　p.119を一部改変

3 ── 介護保険法制定

老人福祉法制定以来、高齢者の介護は老人福祉法によって行われていたが、在宅の受け皿が十分ではない等の理由により、「社会的入院」[*8]をしている高齢者も多数存在し、医療が介護を代替していた。介護を医療から切り離し、社会的に介護を保障する新たな方法として1997（平成9）年に介護保険制度が創設された。

これまで高齢者の介護は老人福祉法により「福祉の措置」として行われていたものが、そのほとんどが介護保険に移行し、保険で行うこととなった。これにより介護保障のあり方は大きく変化した。介護保険に加入し、保険料を納め、国が定める要介護認定を受け、自ら介護サービス事業所と契約し、所得の高低にかかわらず介護サービスの1割を負担する「応益負担」となった。

4 ── 老人保健法の全面改正

高齢者の医療は、老人保健制度に基づき行われていたが、国の医療制度全体の見直しのなかで老人保健法は全面的に改正され、高齢者の医療の確保に関する法律となった。2008（平成20）年から75歳以上の高齢者の医療はこの法律により提供されている（第Ⅲ部6講参照）。

高齢者にとっては、今まで加入していた（扶養家族も含む）医療保険制度から脱退し、新たな医療保険制度である後期高齢者医療制度に加入し、保険料を負担することになった。

第4節　老人福祉の現状

これまでみてきたように、老人福祉施策は、1960年代の老人福祉法創設の時代から50年の間に老人保健法の制定、高齢者の医療の確保に関する法律への改正、介護保険法制定と大きく変化してきた。

現在、高齢者の保健・福祉・介護・医療は、老人福祉法、介護保険法、高齢者の医療の確保に関する法律の3つに基づいている。国は高齢人口増加を制度改正の理由としてあげているが、その背景には、財政問題が大きく影響していることも事実である。高齢者の生活全体を保障する視点は弱く、複雑な制度のなかで高齢者の負担する金額は年々増加している。

[*8] 社会的入院
　病気が回復し入院治療の必要はないが、退院後の介護力の不足、住宅事情や地域に医療機関がない等の療養環境が整わない等の医療以外の社会的理由で入院を続ける状況。

第5節 老人福祉法の概要

1 ── 居宅における介護

　老人福祉法第5条の2において、老人居宅生活支援事業として、老人居宅介護等事業、老人デイサービス事業、老人短期入所事業、小規模多機能型居宅介護事業、認知症対応型老人共同生活援助事業および複合型サービス福祉事業が規定されている。これらは介護保険が優先されるが、やむを得ない事由により介護保険を利用できない場合は、老人福祉法の措置によって利用できることが規定されている。やむを得ない事由とは虐待、介護放棄等である。

2 ── 老人福祉施設

　老人福祉法第5条の3において、老人福祉施設として、老人デイサービスセンター、老人短期入所施設、養護老人ホーム、特別養護老人ホーム、軽費老人ホーム、老人福祉センター、老人介護支援センターが定められている。施設入所についても介護保険が優先されるが、やむを得ない事由により介護保険が利用できない場合は、老人福祉法の措置により利用できることが規定されている。

　有料老人ホームは老人福祉法上の施設ではなく、設置主体について法律上の制限はなく、入居時の前払金等の問題が発生していた。2011（平成23）年の老人福祉法改正で、開設の届け出、契約の解除、入居者の死亡による契約終了時の返還義務が明記された。

3 ── 老人福祉計画

　老人福祉計画とは老人福祉法第20条の8、第20条の9において市町村と都道府県に作成が義務づけられている計画である。市町村老人福祉計画は、確保すべき老人福祉事業の量の目標、当該目標確保のための方策、都道府県老人福祉計画は、広域的な見地から老人福祉事業の量の目標、事業従事者の資質向上のための措置等を定める。本計画は介護保険事業計画と一体のものとして作成されなければならず、地域福祉計画との調和が保たれなければならないとされている。介護保険事業計画では3年を1期としているが、老人福祉計画は期間の定めはない。

4──老人福祉の増進のための事業

　老人福祉増進のための事業として老人福祉センター、老人クラブ等がある。老人福祉センターは老人福祉施設の一つであり、無料または低額な料金で各種の相談、健康増進、教養の向上、レクリエーションのための事業を行う。老人クラブは、地域を基盤とする高齢者（おおむね60歳以上）の自主的な活動組織で、地域の生きがいと健康づくりに貢献している。

第6節　老人問題、高齢者問題とは

　第1節で学んだように、高齢者の生活を不安定にするのは労働からの引退による経済基盤の変化が大きい。老人福祉法制定の背景にみられるように、1960年代初めごろまでは日本の高齢者は家族と暮らし、老後の生活は守られてきた。しかし、高度経済成長期を通して日本の家族は核家族化し、家族の規模も小さくなった。家族のなかで家族員の生活を支えることが困難になってきている。これが現在の日本の家族の現状である。

　加えて、経済効率を最優先した社会のあり方は高齢者を社会から疎外している。こうした社会からの疎外は、高齢者の生活範囲を狭め、高齢者とともにある社会を考える機会を奪い、高齢者の抱える問題は誰にでも共通する問題であることがみえにくく、一層高齢者の問題を大きくしている。

【引用文献】
1）川上昌子著『社会福祉原論読本』学文社　2007年　p.51

【参考文献】
川上昌子『都市高齢者の実態』（淑徳大学社会学部研究叢書5）学文社　1997年
江口英一編『社会福祉と貧困』法律文化社　1981年

第5講 社会福祉施設の発展と施設の社会化

▶はじめに

これまで学習したように、日本の社会福祉政策は対象別に法律を整備し、社会福祉施設を中心として発展してきた。本講では主に、①社会福祉施設の発展経過、②社会福祉施設の種類と運営基盤、③社会福祉施設の社会化について学び、社会福祉施設の意義を理解する。

第1節 社会福祉施設とその歴史

社会福祉施設は生活困窮者、高齢者、児童、障害者などに養護、援護、更生、育成のための援助を行い、これらの人々の福祉の増進を図ることを目的とする法律に定められた施設である。社会福祉施設は、根拠となる法律に基づき、施設の機能、目的に即した職員、施設設備を有している。

日本の社会福祉施設の歴史は、明治期に慈善事業施設として始まり、公的には生活困窮者のための緊急保護施設を設立した。また民間の社会事業家による児童施設、障害児施設、貧困な高齢者のための施設が開設された。大正期になり社会事業が成立すると、経済保護事業としての職業紹介所、公設浴場等が設立され、託児所も多く開設された。第二次世界大戦後は、終戦直後の混乱のなかで戦災孤児施設、障害者の保護施設が緊急的に設けられた。

福祉六法[*1]が整備された1950年代後半になると知的障害児の通園施設、養護老人ホーム、特別養護老人ホーム、軽費老人ホームなどが新設され、多様な施設が対象者のニーズに対応する形で成立していった。また、これまでの施策では対応できなかった重度心身障害児のための施設としてコロニーが開設された。

高度経済成長にともなう都市への人口の集中、核家族化、住宅問題等により、社会福祉施設の量的な不足が明らかになり、国民の施設への要求は高まった。国は1971（昭和46）年からの「社会福祉施設緊急整備5カ年計画」を策定した。それにより、特別養護老人ホーム、重症心身障害児・者施設、保育所の拡充整備が目標とされた。

しかし、今日でも社会福祉施設に対するニーズは依然として高い。老人福祉施設、障害者のための施設、保育所などはまだ不足しており、希望者が入所できず待機していることが問題となっている。さらに、社会福祉施設は単

*1 福祉六法
第Ⅰ部7講p.53参照。

なる量的充足だけではなく、利用者の生活の場、終の棲家としての役割、質的充実、地域の社会資源としての充実も求められている。

第2節　社会福祉施設の種類と推移

1——多様な施設の種類

(1) 施設の機能分化

　日本の社会福祉施設は機能分化がすすんでいるといわれている。それは、各社会福祉に関する法律に根拠をもち、その目的を果たすために機能分化がすすんできたこと、対象者のニーズに対応してきたことによる。厚生労働省の社会福祉施設等調査をみると社会福祉施設には多様な種類がある。

　例として、児童福祉施設のうち障害児施設をみると、障害の種類や程度により知的障害児施設、肢体不自由児施設、盲児施設、ろうあ児施設、自閉症児施設、重複障害である重症心身児施設などの種類が整備されてきた。2011（平成23）年の児童福祉法改正で、障害児入所施設、児童発達支援センターの2区分に改正された（2012〔同24〕年4月施行）。

(2) 社会福祉施設の設置主体

　社会福祉施設は社会福祉法により第1種社会福祉事業と第2種社会福祉事業に位置づけられ、生活保護法、老人福祉法などの各社会福祉に関する法律によって規定されている（表Ⅱ-5-1）。人権を守るべき公的責任と監督強化の要否の観点から第1種社会福祉事業と第2種社会福祉事業を設けている（表Ⅱ-5-2）。

　第1種社会福祉事業の基準は、主に人が入所して生活する施設を経営する事業、授産など経済保護事業を営むものである。経営主体は原則として国、地方自治体、社会福祉法人または日本赤十字社である。その他のものは知事の許可を要する。

　第2種社会福祉事業は、第1種ほど強い規制や監督を要さない事業である。介護保険法以後、保育所、障害児・者の指定居宅支援事業者については法人であれば営利事業者でも参入している。

　なお社会福祉施設の設置主体には、国が設置する施設は少なく、私営、つまり社会福祉法人の設立が多い。

表Ⅱ-5-1　社会福祉施設等の種類

生活保護法による「保護施設」	売春防止法による「婦人保護施設」
救護施設	児童福祉法による「児童福祉施設」
更生施設	助産施設
医療保護施設	乳児院
授産施設	母子生活支援施設
宿所提供施設	保育所
老人福祉法による「老人福祉施設」	幼保連携型認定こども園
養護老人ホーム	児童養護施設
特別養護老人ホーム	障害児入所施設
軽費老人ホーム	児童発達支援センター
老人福祉センター	児童心理治療施設
障害者総合支援法による「障害者支援施設」等	児童自立支援施設
障害者支援施設	児童家庭支援センター
地域活動支援センター	児童厚生施設
福祉ホーム	母子及び父子並びに寡婦福祉法による「母子・父子福祉施設」
身体障害者福祉法による「身体障害者社会参加支援施設」	母子・父子福祉センター
身体障害者福祉センター	母子・父子休養ホーム
補装具製作施設	その他の社会福祉施設等
盲導犬訓練施設	授産施設
点字図書館	宿所提供施設
点字出版施設	盲人ホーム
聴覚障害者情報提供施設	無料低額診療施設
	隣保館
	へき地保健福祉館
	へき地保育所
	地域福祉センター
	老人憩の家
	老人休養ホーム
	有料老人ホーム

2──社会福祉施設の施設数の推移

　1990（平成2）年以降の社会福祉施設の施設数の推移をみると、老人福祉施設の数が大幅に増加した。また、知的障害者、身体障害者施設数も増加傾向にあった。この背景には「高齢者保健福祉推進十か年戦略（ゴールドプラン）」「障害者プラン─ノーマライゼーション7か年戦略」が策定され、具体的な数値目標が設定されたことがある。

　また、2000（平成12）年の介護保険法施行、2006（同18）年の障害者自立支援法施行により社会福祉施設の施設体系の移行がみられる。厚生労働省「社会福祉施設等調査報告」によれば、2015（同27）年時点で社会福祉施設数は6万6,213施設である。

表Ⅱ－5－2　社会福祉法人の概要

第1種社会福祉事業

- 生活保護法に規定する救護施設、更生施設
- 生計困難者を無料または低額な料金で入所させて生活の扶助を行う施設
- 生計困難者に対して助葬を行う事業
- 児童福祉法に規定する乳児院、母子生活支援施設、児童養護施設、障害児入所施設、児童心理治療施設、児童自立支援施設
- 老人福祉法に規定する養護老人ホーム、特別養護老人ホーム、軽費老人ホーム
- 障害者総合支援法に規定する障害者支援施設
- 売春防止法に規定する婦人保護施設
- 授産施設
- 生計困難者に無利子または低利で資金を融通する事業
- 共同募金を行う事業

第2種社会福祉事業

- 生計困難者に対して日常生活必需品・金銭を与える事業
- 生計困難者生活相談事業
- 生活困窮者自立支援法に規定する認定生活困窮者就労訓練事業
- 児童福祉法に規定する障害児通所支援事業、障害児相談支援事業、児童自立生活援助事業、放課後児童健全育成事業、子育て短期支援事業、乳児家庭全戸訪問事業、養育支援訪問事業、地域子育て支援拠点事業、一時預かり事業、小規模住居型児童養育事業、小規模保育事業、病児保育事業、子育て援助活動支援事業
- 児童福祉法に規定する助産施設、保育所、児童厚生施設、児童家庭支援センター
- 児童福祉増進相談事業（利用者支援事業など）
- 就学前の子どもに関する教育、保育等の総合的な提供の推進に関する法律に規定する幼保連携型認定こども園
- 母子及び父子並びに寡婦福祉法に規定する母子家庭日常生活支援事業、父子家庭日常生活支援事業、寡婦日常生活支援事業
- 母子及び父子並びに寡婦福祉法に規定する母子・父子福祉施設
- 老人福祉法に規定する老人居宅介護等事業、老人デイサービス事業、老人短期入所事業、小規模多機能型居宅介護事業、認知症対応型老人共同生活援助事業、複合型サービス福祉事業
- 老人福祉法に規定する老人デイサービスセンター（日帰り介護施設）、老人短期入所施設、老人福祉センター、老人介護支援センター
- 障害者総合支援法に規定する障害福祉サービス事業、一般相談支援事業、特定相談支援事業、移動支援事業、地域活動支援センター、福祉ホーム
- 身体障害者福祉法に規定する身体障害者生活訓練等事業、手話通訳事業又は介助犬訓練事業若しくは聴導犬訓練事業
- 身体障害者福祉法に規定する身体障害者福祉センター、補装具製作施設、盲導犬訓練施設、視聴覚障害者情報提供施設
- 身体障害者更生相談事業
- 知的障害者更生相談事業
- 生計困難者に無料または低額な料金で簡易住宅を貸し付け、または宿泊所等を利用させる事業
- 生計困難者に無料または低額な料金で診療を行う事業
- 生計困難者に無料または低額な費用で介護老人保健施設を利用させる事業
- 隣保事業
- 福祉サービス利用援助事業
- 各社会福祉事業に関する連絡
- 各社会福祉事業に関する助成

第3節 社会福祉施設の運営基盤と最低基準

1――措置制度と利用契約制度

　2017（平成29）年時点において、社会福祉施設の運営は①措置制度によるものと、②利用契約制度によるものがある。

　社会福祉施設はそのほとんどが措置制度によって行われていた。日本国憲法第25条に即して、本来は国が養護、援護を必要とする国民について責任をもつことになっているが、これらの人々を施設に委託してその責任を果たすしくみを措置制度という（図Ⅱ－5－1）。措置権者は、委託した費用を人数分措置委託費として施設に支払う。例として、児童養護施設、保護施設等がある。

　しかし、社会福祉基礎構造改革により、措置は利用者の選択の自由がないなどの理由から、措置制度に代わるものとして利用契約制度へ移行している。これは、サービスの利用者とサービスを提供する施設間の契約に基づき、介護報酬、介護給付費等により運営される。介護保険法、障害者総合支援法などのもとでは利用契約制度へ移行しており、例として、介護保険施設等がある。利用者が選択し、利用契約を行う前提として、選択できる情報が適切に提供されること、選択できるだけの量と質の保障が重要である。自己決定能力が低下している者については、利用者の権利を擁護し、本人の意向を尊重したサービスの利用が可能となる制度が必要であるとされている。

　このように利用者の施設入所や利用に至る方法を変えることだけではなく、施設の運営基盤の変化も意味している。

図Ⅱ－5－1　措置制度のしくみ

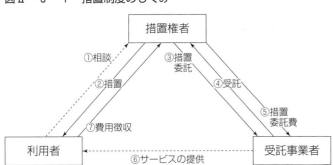

出典：厚生省「社会福祉法関係法等補足説明資料（平成12年6月）」を一部改変

2 —— 措置費の成り立ち

措置費は国と地方自治体により負担されている。保護施設は国4分の3、地方自治体4分の1であり、他の施設は国10分の5、地方自治体10分の5である。措置費は事務費と事業費で成り立っている。事務費には職員の給与等の人件費、施設の維持管理に要する施設管理費が含まれる。事業費には、施設利用者の一般生活費が含まれる。

措置制度による施設の利用者および扶養義務者に所得がある場合は、その所得に応じて費用が徴収される、応能負担である。

3 —— 社会福祉施設の最低基準

社会福祉施設についてその設置および運営に当たって遵守すべき基準が定められている。言葉を変えると、施設利用者の処遇を保障するために確保すべきサービスのあり方、施設設備、職員配置のための最低基準である。具体的な基準は、省令[*2]、通知で規定されている。

施設ごとに、施設運営の基準、援助・指導内容、居室、遊戯室、調理室、医務室、浴室、便所など設けるべき設備、利用者一人当たりの面積基準、施設長、指導員、保育士、看護師、介護職員、調理員、医師、理学療法士、ソーシャルワーカーなどの資格と配置基準などが定められている（コラム参照）。

主なものに「児童福祉施設の設備及び運営に関する基準」（省令）、「身体障害者更生施設等の設備及び運営に関する基準」（省令）、「特別養護老人ホームの設備及び運営に関する基準」（省令）などがある。

このうち児童福祉施設の設備及び運営に関する基準第4条における「児童福祉施設は、最低基準を超えて、常に、その設備及び運営を向上させなければならない」とする処遇水準向上義務、「最低基準を超えて、設備を有し、又は運営をしている児童福祉施設においては、最低基準を理由として、その設備又は運営を低下させてはならない」とする処遇水準低下禁止の規定は最

*2 省令
　各省大臣がその主任の行政事務について、法律もしくは政令を施行するため、または政令の特別の委任に基づいて発する命令。

Column　特別養護老人ホームの最低基準

職員配置基準：施設長、医師、生活相談員、介護職員または看護職員、栄養士、機能訓練指導員、調理員、事務員その他の職員
設備基準：居室、静養室、食堂、浴室、洗面設備、便所、医務室、調理室、介護職員室、看護職員室、機能訓練室、面談室、洗濯室または洗濯場、汚物処理室、介護材料室、その他事務室等運営上必要な設備

低基準の本質をよく示しているといわれる。

第4節 社会福祉施設の社会化

　施設の社会化とは、社会福祉施設、特に入所施設の処遇、施設の機能、運営を地域・社会にひらかれたものにしていこうとする方向性、考え方を意味している。施設の専門分化、大規模化、さらに施設を建設・運営するコストへの批判が高まると同時に、「在宅福祉」、「地域ケア」への関心が高くなったこと、また、ノーマライゼーション[*3]の紹介もあり、1970年代に入るとそれまでの閉鎖的な施設ケアのあり方を見直すとともに、施設機能の地域開放、住民代表の運営参加などがすすめられた。

*3 ノーマライゼーション
　第Ⅱ部6講 p.118参照。

　施設の社会化には2つの意味があるといわれている。第1は施設の地域社会への開放、第2は入所者の自由の拡大である。

　第1の施設の地域社会への開放とは、入浴サービス、食事サービス、短期入所など施設の設備・機能を施設入所者だけではなく地域住民へ提供すること、施設の部屋、庭などを地域行事に提供することである。1990年代に入ると高齢者保健福祉推進十か年戦略によって入所施設に在宅サービス（ショートステイ、デイサービス）機能を付設することが一般化した。さらに近年では、施設の有している専門的処遇、相談機能を地域住民へ提供するようになっている。

　第2の入所者の自由の拡大とは、入所者が地域で買物をしたり、地域の人々と交流することを示しているが、十分とはいえない現状である。

　現在の日本の社会福祉政策は在宅福祉、あるいは地域福祉を推進しているが、社会福祉施設に対する国民のニーズは以前に増して高まり、単に施設で生活をするだけではなく、施設の有している機能・設備、専門的相談等へのニーズも高い。

　以上のように、社会福祉施設の役割は、利用者本人だけではなく、家族はもちろん、地域住民にとっても重要な役割を担っている。

【参考文献】
田中明『社会福祉施設論』光生館　1986年
小笠原裕次・福島一雄・小國英夫編『社会福祉施設』有斐閣　1999年
今村理一編『新しい時代の社会福祉施設論──施設サービスのこれから』ミネルヴァ書房　2001年

▶第6講　地域福祉施策の背景とその現状

▶はじめに

　日本では1970年代に入ると社会福祉政策の重点を施設中心ではなく在宅福祉へ置かれるようになった。主に本講では、①日本の地域福祉施策の背景、②日本の地域福祉政策の展開と現状、③ノーマライゼーションと地域福祉、在宅福祉、④地域福祉の団体・担い手や推進策について学ぶ。

第1節　地域福祉施策の背景

1——地域福祉とは

　「地域福祉」という言葉は第二次世界大戦後になって使用されるようになった概念であり、特に、1951（昭和26）年に社会福祉協議会が創設されて以来使用されるようになったとされている。「地域社会の福祉増進」という概念から始まり、1960年代中ごろに「地域福祉」としての呼び方が定着するようになったが、定まった定説がなく、明確ではない。

　井岡は、「『地域福祉』の用語は『地域（社会）』と『社会（福祉）』との合成語であるが、それは『地域における社会福祉』なのか、また『地域による社会福祉』なのか、それとも一定の原則と体系で成り立つ領域としての『地域福祉』なのか、よく議論をよぶように、意味内容の曖昧さを伴っている」[1)]と述べている。続けて、地域福祉の位置と役割として「地域福祉は、現代日本の社会体制（高度に発達した資本主義体制、市場経済体制）のもとで、構造的に生み出される住民（労働者・勤労住民とその家族）の地域生活条件をめぐる不備・欠落や悪化・破壊の状況を、それに対抗する生活防衛の運動、世論を媒介に、社会問題として捉えられ、提起された地域生活問題に対する社会的対策の一環である」[2)]としている。

　横須賀基督教社会館館長であった阿部は「地域福祉は、地域内の公私の機関が協同し、各種社会福祉のための施策・設備等の資源を動員することによって、地域の福祉ニーズを充足するとともに、住民参加による社会福祉活動を組織し、地域の福祉を実現していく具体的努力の体系をいう」[3)]としている。

2──地域福祉の背景

　1960（昭和35）年以降の地域における生活問題が顕在化するなかで、地域福祉が政策的にも注目されるようになった。高度経済成長を経て、都市に人口が集中し、私たちの生活は大きく変化した。核家族化、家族規模の縮小により家族の相互扶助機能は弱まり、育児や老親の介護など家族のなかで解決することが難しくなった。また、地域社会も変貌し、地縁共同体や住民がもっていた相互扶助機能が失われた。さらに、公害、交通事故、過疎・過密などのさまざまな地域の抱える問題が明らかになった。特に、低所得・不安定階層を中心として厳しい生活状況がみられた。このような地域が抱える生活問題を解決、または、改善するために地域福祉が重視されるようになった。

第2節　日本の地域福祉政策

1──社会福祉政策の転換

　1972（昭和47）年版『厚生白書』は、「老人の福祉」の章において初めて「在宅福祉対策」の節を設け、「従来の福祉対策は、とくに緊急な援護を必要とする者を対象とする施設対策が中心である観があった。しかし、老人が必要なサービスを自己の家庭において受けることができることとなればより望ましいことであり、その意味で、老人家庭奉仕員制度を中心とした在宅福祉対策の大幅な充実は近年の最大の課題のひとつ」4)と述べ、社会福祉政策の重点を施設福祉から在宅福祉へ移す方向が示された。さらに、1970年代後半になると、その政策転換は一層明確になった。

　この背景には、オイルショック、その後の経済の低成長による国の財政問題、「福祉見直し」があった。施設中心の福祉政策は施設建設費用を始めとして、国や地方自治体の財政負担が大きい。これを見直し、在宅福祉へ切り替えることで財政の効率化を図ったのである。このように日本は、地域福祉を社会福祉政策として推奨した点に特徴があるといわれている。中央社会福祉審議会答申「コミュニティ形成と社会福祉」（1971〔昭和46〕年）、全国社会福祉協議会『在宅福祉サービスの戦略』（1979〔同54〕年）がそれを推進したといわれている。また、同じ時期に諸外国、特にイギリス、北欧からコミュニティ・ケア*1、ノーマライゼーションの考え方、それらにもとづく社会福祉実践が紹介されたことも背景にある。

　『在宅福祉サービスの戦略』のなかで、日本の社会福祉はかつてないよう

*1　コミュニティ・ケア
　1950年代にイギリスで精神障害者や知的障害者の処遇（ケア）を病院中心ではなく、コミュニティでケアする方向が提唱されて以来用いられるようになった。障害者や高齢者を大規模な施設に「収容」するのではなく、地域で生活ができるように在宅ケアを推進すること、ノーマライゼーションを実現することと理解されている。

＊2　貨幣的ニーズ
　ニードそのものが経済的要件に規定され、貨幣的に測定できるものであり、金銭給付により充足される。

＊3　即自的ニーズ
　私的なニード充足機能では解決することができず、社会的に用意されなければならないもの。

＊4　代替・補完的ニーズ
　日常生活の介助、養護など家族などによる私的ニーズ充足が前提であり、何らかの理由で十分機能できないため、社会的解決が必要とされるもの。

な拡充と変貌の時期を迎えており、この動きを示す柱の一つに「在宅福祉サービス」の展開があるとしている。このなかで在宅福祉サービスは新しい概念であり、社会福祉を「新しい視点と発想にもとづいてラジカルに問い直されるべきものという認識にもとづく」5)としている。「社会福祉ニーズ」を「貨幣的ニーズ」＊2と「非貨幣的ニーズ」に分け、「非貨幣的ニーズ」（対人福祉サービス）が主要な課題であるとし、さらに「非貨幣的ニーズ」を「即自的ニーズ」＊3と「代替・補完的ニーズ」＊4に区別し、前者は「専門的ケア・サービス」が対応し、後者は「在宅ケア・サービス」で対応すると説明している。「在宅ケア・サービス」は元来家族構成員間の援助で行われてきており、援助サービスは必ずしも専門的である必要はないとされ、担い手は「ホームヘルパー、介護人、民生委員、ボランティアなどの準ないし非専門的職員、もしくは地域住民自身」6)とされた。また、利用者負担について、「必要なサービスを主体的に選択し、その能力で可能な範囲の費用負担を積極的に行う」7)ことも論じられている。

2──地域福祉、在宅福祉の展開と現状

　1980（昭和55）年以降、地域福祉、在宅福祉の諸制度はホームヘルプサービス事業、デイサービス、ショートステイ等の在宅福祉サービス（応能負担）を中心として高齢者の領域で広がった。1990（平成2）年の社会福祉八法＊5改正により在宅福祉サービスが居宅生活支援事業として位置づけられ、高齢者以外の領域でも在宅サービスは拡大した。1990年代を通して実施主体は自治体から民間委託がすすめられ、2000（同12）年の介護保険実施により介護保険給付として広がり、2013（同25）年の障害者総合支援法においても介護給付として位置づけられた。このように在宅福祉サービスは拡大したが、実施主体は社会福祉法人に加えて営利企業、NPO等多様になった。

　2000（平成12）年に社会福祉事業法が社会福祉法に改正された際、地域福祉の推進が新たに目的に加わり、第4条に地域福祉の推進が規定され、「地域住民、社会福祉を目的とする事業を経営する者及び社会福祉に関する活動を行う者は」、地域福祉の推進に努めるとされ、地域住民が地域福祉の担い手として位置づけられた。また地域福祉推進策として地域福祉計画策定が盛り込まれた。

　2008（平成20）年、厚生労働省のこれからの地域福祉のあり方に関する研究会は「地域における『新たな支え合い』をもとめて─住民と行政の協働による新しい福祉─」をまとめ、地域における新たな支え合い（共助）を構築するとしている。そこではボランティア、NPOが地域の生活課題に取り組

＊5　社会福祉八法
　第Ⅱ部4講 p.102参照。

むとしている。

　地域福祉、在宅福祉、コミュニティ・ケアの理念には意義があるといえる。この間の在宅サービスの広がりにより住み慣れた地域での在宅生活の継続が可能になった面もあるが、実施主体における公的責任は縮小する傾向にあることが指摘されている。

　日本の場合は、地域福祉、在宅福祉、コミュニティ・ケアが混在して用いられているが、その定義は明確ではない。何を意味しているのか、何を示しているのか、何よりもその地域福祉、在宅福祉、コミュニティ・ケアを行う責任はだれが負うのかを確認する必要があるだろう。

 Column　　　川崎愛泉ホームの活動

　川崎愛泉ホーム（以下、愛泉ホーム）は、1965（昭和40）年に神奈川県により川崎市南部地域に開設された地域福祉施設である。法律上は社会福祉法の第2種社会福祉事業の隣保事業を行うと位置づけられている。

　愛泉ホームが開設されたT地区（開設当時人口約4万人、面積3.4㎢）は臨海工業地帯に隣接する労働者居住地域である。工場と住宅、アパートが混在する密集地帯であり、住民の大半は工場労働者であり、核家族が多く、アパート、借間、社宅住まいが約7割を占め、母親の屋外就労が多い地域であった。さらに工場地帯からの公害も大きな問題であった。県はこのような生活問題を解決するために地下1階地上4階の愛泉ホームを開設した。

　愛泉ホームは「明るく住みやすい街、T地区」を目指して、保育所・相談事業・食堂等の福祉サービス機能、クラブ活動・図書室等の教育啓蒙機能、モデル・拠点づくりの組織化機能をもち、ホーム職員は主催事業、住民グループ支援により地域住民のニーズをとらえ、住民の主体性と組織化を重視していた。就学前の子どもと母親のグループ活動「めだかの学校」（1967〔昭和42〕年）、「老人給食サービス」（1975〔同50〕年）、「虚弱老人・障害者のデイサービス事業」（1986〔同61〕年）、福祉運動会など先駆的、ホーム独自の活動がつくり出された。

　愛泉ホームという活動拠点があり、いつでも相談できる専門職がいたことで、お互いに話し合いながら地域の課題に取り組むこと、つまり地域福祉活動が可能になったといえる。約半世紀にわたり地域福祉の拠点として活動を行ってきたが、当初の目的は果たしたとして2011（平成23）年8月に閉館された。

第3節 ノーマライゼーションと地域福祉、在宅福祉

　ノーマライゼーションは、1950年代から1960年代にかけてデンマークの知的障害を有する子どもたちの親の会の運動から生まれた考え方である。今日スウェーデンを初めとする北欧諸国、ヨーロッパ諸国の社会福祉の基本原則はノーマライゼーションである。日本では主に障害者分野の考え方とされることが多いが、諸外国ではより広く理解されている。

　ノーマライゼーションの理念に初めて明確な定義を確立したとされる、ミケルセン（B. Mikkelsen）とニィリエ（B. Nirije）の定義からノーマライゼーションについて学ぶ。

　デンマーク社会省の行政官であったミケルセンはノーマライゼーションを「障害のある人達に、障害のない人びとと同じ生活条件をつくりだすことを『ノーマライゼーション』といいます」[8]と述べ、「障害をノーマルにするということではなく」、障害者の住居、教育、労働、余暇などの生活条件をノーマルにすることであり、このことは特に、正しく理解されなければならないとしている。

　またスウェーデンの全国知的障害者連合のオンブズマンであったニィリエは、『ノーマライゼーションの原理──普遍化と社会変革を求めて』において、「ノーマライゼーションの原理は、知的障害者やその他の障害をもつ全ての人が、彼らがいる地域社会や文化の中でごく普通の生活環境や生活方法にできる限り近い、もしくはまったく同じ生活形態や毎日の生活状況を得られるように、権利を行使することを意味している。」[9]と定義し、ノーマライゼーションの原理として次の8点について具体的に述べている[10]。

> ①1日のノーマルなリズム
> ②1週間のノーマルなリズム
> ③1年間のノーマルなリズム
> ④ライフサイクルにおけるノーマルな発達経験
> ⑤ノーマルな個人の尊厳と自己決定
> ⑥その文化におけるノーマルな性的関係
> ⑦ノーマルな経済水準とそれを得る権利
> ⑧ノーマルな環境形態と水準

　このノーマライゼーションの考え方により障害者だけではなく、高齢者の

在宅福祉、地域福祉が推進された。大規模な施設ではなく、地域のなかで、在宅で社会福祉サービスを利用し、学び、働き、生活を継続できるよう法整備がすすめられた。

ここで留意しなければならないことは、ノーマライゼーションは権利の保障であり、単なる目的概念ではないことである。デンマーク、スウェーデンにおいては法制化により具体的にノーマライゼーションをすすめ、保障している。コミュニティ・ケアはノーマライゼーションを保障する一つの方法として考えられている。

日本では国際障害者年にあたる1981（昭和56）年版『厚生白書』で「ノーマライゼーションの思想」として紹介されている。その後、日本においてもノーマライゼーションという言葉、考え方は普及したが、北欧諸国のように権利保障としての点が十分ではない。

地域福祉の団体・担い手

1──社会福祉協議会

社会福祉協議会は社会福祉法に規定されており、地域の社会福祉問題を解決し、地域住民の福祉の向上を目的とした地域住民と公私の社会福祉機関・団体からなる民間組織である。各都道府県、市区町村・指定都市に設置・運営されており、全国組織として全国社会福祉協議会がある。主に事業の企画・実施、住民の組織化等を行っている。1980年代に社会福祉法人化がすすみ、以降は在宅サービス実施に重点が置かれている。

社会福祉協議会の具体的活動内容は多岐にわたるが、ボランティア活動の支援と普及、相談事業、介護保険事業、生活福祉資金の貸付等がある。

2──社会福祉法人

法人とは民法などの各法に基づいて承認される法的な人格であり、契約の当事者になることができる。社会福祉法人はこのような法人の一つであり、社会福祉法による特別法人＊6である。同法に規定される第1種社会福祉事業と第2種社会福祉事業を運営する。厚生労働大臣の許可を受ける必要があり、許可要件として社会福祉事業を行うために必要な資産を備えていなければならない。なお、社会福祉と関係のある公益を目的とする公益事業を行うこともでき、社会福祉事業の支障がない限り収益事業ができる。

＊6　特別法人
　より公益性の高い法人として個別の法律によって設立された法人を特別法人と呼ぶ。社会福祉法人、学校法人、宗教法人がある。個別法により設立、管理、解散、合併、助成などについて定められている。

3 ── 民生委員

　民生委員は、民生委員法に基づき、社会奉仕の精神をもって、常に住民の立場にたって相談に応じ、および必要な援助を行い、福祉事務所などの関係行政機関に協力し、社会福祉の増進に努める民間人である。民生委員は厚生労働大臣が委嘱する。民生委員の歴史は古く、「済世顧問制度」（1917〔大正6〕年）、「方面委員制度」（1918〔大正7〕年）が始まりとされている。

　主な職務内容について民生委員法第14条に次のように規定されている。①住民の生活状態を必要に応じ適切に把握しておくこと、②生活に関する相談に応じ、助言その他の援助を行うこと、③福祉サービスを適切に利用するために必要な情報の提供、その他の援助を行うこと、④社会福祉事業者と密接に連携し、その事業または活動を支援すること、⑤福祉事務所その他の関係行政機関の業務に協力すること、⑥その他、住民の福祉の増進を図るための活動を行うこと、である。また、民生委員の任期は3年で再任も可能である。

第5節　地域福祉の推進策

　社会福祉法において地域福祉推進策として地域福祉計画に関する規定が設けられた。市町村福祉計画は市町村を対象として、①地域における福祉サービスの適切な利用に関する事項、②地域における社会福祉を目的とする事業の健全な発達に関する事項、③地域福祉に関する活動への住民の参加の促進に関する事項等を一体的に策定するものである。

　都道府県地域福祉支援計画は、①都道府県が市町村の地域福祉の推進を支援するための基本的方針に関する事項、②社会福祉を目的とする事業に従事する者の確保、資質の向上に関する事項、③福祉サービスの適切な利用の推進と社会福祉を目的とする事業の健全な発達のための基盤整備に関する事項等を一体的に定めるものである。地域福祉計画は、老人福祉計画[*7]、介護保険事業計画[*8]、子ども・子育て支援事業計画、障害福祉計画と調和が保たれたものでなければならないとされている。

　両計画の策定は任意[*9]であるが、策定過程に住民が参加することにより、地域の課題を共有し、新たな取り組みや支え合いにつなげることができる。

　なお、2015（平成27）年4月に生活困窮者自立支援法が施行されたことから、地域福祉計画に生活困窮者自立支援方策等を位置づけることとされた。

---

*7　老人福祉計画
　第Ⅱ部4講 p.105参照。

*8　介護保険事業計画
　第Ⅲ部8講 p.188参照。

*9
　2016（平成28）年度末の策定状況は市町村69.6％（市区部87.2％、町村部54.1％）、都道府県89.4％である。

【引用文献】

1) 井岡勉監修、牧里毎治・山本隆編『住民主体の地域福祉論―理論と実践』法律文化社　2008年　p.11
2) 前掲書1　pp.14-15
3) 仲村優一・三浦文夫・阿部志郎編『社会福祉教室―健康で文化的な生活の原点を探る』有斐閣　1977年　p.211
4) 厚生省編『厚生白書』大蔵省印刷局　1972年　p.400
5) 全国社会福祉協議会編『在宅福祉サービスの戦略』全国社会福祉協議会　1979年　p.14
6) 前掲書5　p.134
7) 前掲書5　p.185
8) 花村春樹訳『「ノーマリゼーションの父」N.E. バンク―ミケルセンその生涯と思想（増補改訂版）』ミネルヴァ書房　1998年　p.167
9) ベンクト・ニィリエ著、河東田博・橋本由紀子・杉田穏子・和泉とみ代訳編『ノーマライゼーションの原理―普遍化と社会変革を求めて（増補改訂版）』現代書館　2000年　p.164
10) 前掲書9　p.130

【参考文献】

これからの地域福祉のあり方に関する研究会『地域における「新たな支え合い」を求めて―住民と行政の協働による新しい福祉』全国社会福祉協議会　2008年

社会保障研究所編『社会保障資料Ⅱ』至誠堂　1975年

ヴォルフェンス・ベルガー、中園康夫・清水貞夫編訳『ノーマリゼーション―社会福祉サービスの本質』学苑社　1982年

厚生省『厚生白書（昭和56年版）』厚生省　1981年

厚生労働省：民生委員・児童委員に関するＱ＆Ａ
http://www.mhlw.go.jp/stf/seisakunitsuite/bunya/0000116286.html（平成29年7月5日閲覧）

厚生労働省：全国の市町村地域福祉計画及び都道府県地域福祉支援計画等の策定状況について
http://www.mhlw.go.jp/file/06-Seisakujouhou-12000000-Shakaiengokyoku-Shakai/0000150079.pdf（平成29年7月5日閲覧）

第Ⅱ部 まとめ 今日の社会における社会福祉の役割

　今までの学習を振り返り、今日の社会における社会福祉の役割を考えてほしい。勤労者、換言すると雇用者である私たちは、働いて、収入を得て、家族・世帯をもっとも小さい単位として暮らしている。第Ⅰ部6講で学んだように、私たちは生活問題を抱えやすい。

　資本主義社会において基本的に自己責任の原則が貫かれている。川上が述べているように「労働者世帯においては、種々の生活困難は原則として、その世帯の枠の中で処理されなければならない。いわゆる自助の原則である」[1]。しかし、今まで学んできたように、私たちは職業を介して社会のなかに取り込まれ暮らしているが、個人、またはその家族・世帯の自己責任では対応できないような出来事がおこる。つまり自己責任、自助の原則のもと私たちは暮らしているが、それには限界がある。家族・世帯の自己責任では対応できないような問題、生活問題を社会的に解決し、援助する方法として求められ、つくられてきたのが社会福祉である。

　社会福祉の役割を考えるためには、本来社会福祉とは何かを正しく理解すること、そのためには社会福祉学が模索してきた国民生活の特質を学び、そこから引き起こされる生活問題について理解することが必要である。また、生活問題の社会的解決のためには社会保障制度の一環として社会福祉を位置づけること、言い換えれば社会政策のなかに位置づけることが重要である。

【引用文献】
1）川上昌子『社会福祉原論読本』学文社　2008年　p.197

【参考文献】
・江口英一編『社会福祉と貧困』法律文化社　1981年
・江口英一編『生活分析から福祉へ―社会福祉の生活理論（改訂新版）』光生館　1998年

第III部 社会保障制度

第1講 社会保障財政

▶はじめに

　主に本講では、①社会保障財源の規模、②社会保障関係費、③社会保障給付費について学ぶ。財政とは、「国や地方自治体などの公権力（公的な権限）をもつ組織の経済活動のことである」[1]。近代市民社会の歴史とともに財政民主主義が確立し、議会において歳入、歳出が決められるようになった。

　国民の生存権、生活を守る社会福祉・社会保障は、国が行うものであるから、その財政がどのようであるのかは重要なことである。どのくらいの規模か、どのようなしくみで運営されているのか、どのような方向に向かっているのか等、国民生活に強い影響を与える。

第1節 社会保障財政の大きさ

1――社会保障の財源

　社会保障の主な財源は、わが国では租税（国・地方自治体の負担）、保険料（被保険者本人の保険料、事業主の保険料）によって賄われている。このうち、租税については、国・地方自治体の予算に計上される。

　社会保障費用統計は、国立社会保障・人口問題研究所が毎年公表している。社会保障に使われた1年間の費用を表す数字として、「社会保障給付費」と「社会支出」がある。「社会保障給付費」は、ILO（国際労働機関）が定めた基準に基づいて集計された社会保障の費用を表すもので、一般的に日本の社会保障の費用や内訳を示す場合は、この数値が使用される。社会保障給付費とは、社会保障の「サービス提供費用」や「現金給付」の総額である。

　一方、「社会支出」は、OECD（経済協力開発機構）が定めた基準に基づき集計された社会保障の費用を表す数値であり、国際比較をする場合はこの数値がよく使用される。社会支出は施設整備等も含まれており、社会保障給付費より多くなる。

　社会保障給付費のうち国等の負担分、つまり租税分は「社会保障関係費」と称されている。

　社会保障給付費と社会支出はあくまで租税や社会保険料等を財源として給

付された費用を表す数値であり、医療保険や介護保険等の自己負担分は含んでいない。

2 ── 国の財政規模と予算

　社会保障財政をみる前に国の財政規模と予算を概観する。予算は「一般会計」と「特別会計」からなる。2017（平成29）年度の国の一般会計総額をみると、収入に当たる「歳入」は、当初予算で97兆4,547億円であり、内訳は約59％が租税等であり、約35％が「公債金」つまり借金となっている。一方、国の支出である「歳出」は97兆4,547億円であり、最多を占めているのが「社会保障関係費」33.3％、次いで借金返済に当たる「国債費」は24.1％、「地方交付税交付金等」は16.0％、「公共事業」は6.1％等である。

　財務省資料より1960（昭和35）年度から2010（平成22）年度までの国の歳出の動向と主要経費別分類の推移をみると、歳出総額が半世紀で54.8倍に著しく膨張してきている。かつて最大規模の歳出項目であった「公共事業関係費」が大きく減少し、「社会保障関係費」が30％近くに増大している。「国債費」が1980年以降大きな割合を占めているが、財政法第4条が禁止している歳入補てん公債（いわゆる赤字公債）の特例法による発行により、公債発行が続けられてきたことによる。

　1980年代は「増税なき財政再建」が目標とされ、国は財政規模を抑えることに全力を注いだが、社会保障関係についていえば、産業構造と就業構造の変化により国民の雇用者化がすすみ、地域・家族が有していた生活を支える機能は弱まり、社会保障へのニーズは高まってきている。

　国の予算に占める社会保障関係費の割合は、1970（昭和45）年度が14.0％、1980（同55）年度が18.9％、1990（平成2）年度が16.5％、2000（同12）年度が19.4％、2010（同22）年度が28.7％、2016（同28）年度が29.5％と増大している。

第2節　社会保障関係費の推移──社会保険費の増大──

　次に、社会保障関係費がどのように変化してきたか、みていくことにする。社会保障関係費の推移をみると、社会保障関係費は、1955（昭和30）年が1,033億円、1970（同45）年が1兆1,573億円、1980（同55）年が8兆3,852億円、1990（平成2）年が11兆5,969億円、2000（同12）年が18兆1,591億円、2016（同28）年が30兆6,417億円となり、名目額であるが約290倍に増加した。それと

ともに、制度の体系が変化したことを示している。

1955（昭和30）年では、社会保障関係費のなかで生活保護費が36.0％ともっとも大きく、次いで失業対策費が27.9％、そして結核対策費が12.6％であり、この三者をあわせると76.5％を占めていた。これらの費用は、第二次世界大戦後の低所得層、失業者、結核患者等の増大に対して緊急に対処する必要があったからである。保護基準・失業対策事業の賃金、つまりナショナル・ミニマムを設定した。その水準はきわめて不十分であったが、社会保障の理念に基づいて国家責任のもとに実施されたことは重要である。

1970（昭和45）年になると、それら三者の比率は一様に縮小し、生活保護費が19.1％、保健衛生対策費が12.3％、失業対策費が7.4％となり、あわせて38.8％となる。それらと対照的に増大したのは社会保険費である。所得倍増計画の一環として、社会福祉・社会保障においても、「国民皆保険・皆年金」に関する改革がすすめられ、さらに「福祉六法」[*1]時代となった。これにより、国庫負担の増大、特に、国民健康保険、国民年金（福祉年金を含む）の創設と改善のため、国庫負担増額が必要となり、国庫負担が増大していった。

*1　福祉六法
　第Ⅰ部7講p.53参照。

第3節　社会保障給付費の推移

1──社会保障給付費──社会保障の財政規模──

国立社会保障・人口問題研究所の「社会保障統計年報」によれば、2014（平成26）年の社会保障給付費は112兆1,020億円である。国の一般会計よりはるかに大きい。対前年度伸び率は1.3％、対国内総生産比は22.9％である。国民一人当たりの社会保障給付費は88万2,100円、1世帯当たりでは219万4,900円である。

2──社会保障給付費の内訳

2014（平成26）年度の社会保障給付費を部門別にみると、「医療」36兆3,357億円（32.4％）、「年金」54兆3,429億円（48.5％）、「福祉その他」21兆4,234億円（19.1％）である（図Ⅲ－1－1参照）。

国立社会保障・人口問題研究所のデータから制度別にみると、「医療保険」「後期高齢者医療保険」「年金保険」が大きな割合を占め続けている。これら三者で77.8％となり、これに「介護保険」を加えると85.9％になる。「生活保

図Ⅲ－1－1　社会保障給付費の推移

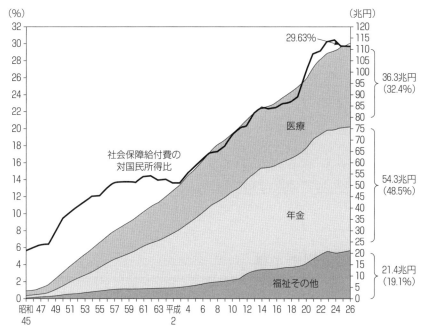

資料：国立社会保障・人口問題研究所作成
出典：国立社会保障・人口問題研究所「平成28年度版社会保障統計」を一部改変

護」は3.3％に過ぎず、「社会福祉」は4.1％であり、両者が社会保障給付費に占める割合は低い。

3──社会保障給付費の財源

　社会保障給付費の財源は、社会保険料、租税つまり国税負担分と地方税等の負担からなる。経年でみると1980（昭和55）年まで国庫負担率は増加し、その後、縮小するという経過である。地方負担も大きい。さらに、社会保障給付費と社会保険料の差額が拡大している。

　2014（平成26）年度の社会保障給付費の財源は、「社会保険料」65兆1,514億円（47.7％）、「公費負担」44兆8,373億円（32.8％）があてられている。公費負担のうち国庫負担は、先に述べたように「社会保障関係費」として国の予算に計上される。

　社会保険料の内訳（表Ⅲ－1－1）をみると、被保険者拠出は34兆2,827億円（25.1％）であるが、事業主拠出は30兆8,687億円（22.6％）である。

　また、1980（昭和55）年を境にして国庫負担の比率が低下したこと、国庫負担以外の負担増がなされてきたこと、直接利用者である受益者負担（被保険者拠出）が増大していることがわかる。

表Ⅲ－1－1　社会保障財源の項目別推移

(単位：億円、( )内は%)

年度	被保険者拠出	事業主拠出	国庫負担	他の公費	資産収入	その他	収入総額
1960（昭和35）	2,430（26.2）	3,860（41.7）	1,897（20.5）	391（4.2）	458（4.9）	224（2.4）	9,260
1970（同 45）	15,558（28.5）	17,043（31.2）	14,425（26.4）	1,995（3.6）	4,796（8.8）	864（1.6）	54,681
1980（同 55）	88,844（26.5）	97,394（29.1）	97,936（29.2）	12,473（3.7）	32,682（9.7）	5,929（1.8）	335,258
1990（平成2）	184,966（28.3）	210,188（32.2）	134,663（20.6）	26,936（4.1）	83,580（12.8）	12,443（1.9）	652,777
1995（同 7）	244,118（29.2）	268,047（32.0）	165,793（19.8）	41,385（4.9）	98,118（11.7）	19,501（2.3）	836,962
2000（同 12）	266,560（29.9）	283,077（31.8）	197,102（22.1）	53,608（6.0）	64,976（7.3）	25,155（2.8）	890,477
2005（同 17）	283,618（24.5）	269,633（23.3）	222,564（19.2）	77,713（6.7）	188,454（16.3）	117,063（10.1）	1,159,045
2010（同 22）	303,247（27.6）	281,530（25.7）	295,183（26.9）	112,650（10.3）	8,388（0.8）	95,817（8.7）	1,096,815
2014（同 26）	342,827（25.1）	308,687（22.6）	318,177（23.3）	130,196（9.5）	217,195（15.9）	48,648（3.6）	1,365,729

資料：国立社会保障人口問題研究所「社会保障財源の項目別推移」より筆者作成

第4節　国民負担率とは

国民所得に対する租税負担率と社会保障負担率を合計した数値が国際比較に用いられる。日本では「国民負担率」と呼んでいる。日本の財務省が独自に作成しているが、国際的な基準はないとされている。

最新のデータ[*2]によれば、日本の国民負担率は43.9％（うち租税負担率26.1％、社会保障負担率17.8％）、アメリカが26.1％、イギリスが46.5％、フランスが67.6％、ドイツが52.6％、スウェーデンが55.7％とされている。国民負担率には財政赤字は算入されておらず、財政赤字を含めた国民負担率を「潜在的な国民負担率」と呼ぶが、2016（平成28）年度は50.6％と推計されている。

国民負担率は、国民一人の所得に対する税金や社会保障負担を意味するのではなく、法人税、社会保険料の事業主負担分も含まれていることを正しく理解する必要がある。

＊2　財務省図説日本の財政（平成28年度版）より。日本は2016（平成28）年度、他の国は2013年度の数値である。

【引用文献】
1）植田和弘・諸富徹編『テキストブック現代財政学』有斐閣　2016年　p.3

【参考文献】
宮島洋・西村周三・京極高宜編『社会保障と経済〈2〉財政と所得保障』東京大学出版会　2010年
厚生労働統計協会編『保険と年金の動向　2016/2017』厚生労働統計協会　2016年
財務省：平成29年度一般会計歳入歳出概算
　http://www.mof.go.jp/budget/budger_workflow/budget/fy2017/seifuan29/03.pdf（平成29年7月6日閲覧）
財務省：統計表一覧
　http://www.mof.go.jp/budget/reference/statistics/data.htm（平成29年5月24日閲覧）

▶第2講 所得保障の諸制度
家計からみた生活の特徴と所得保障の意義

▶はじめに
　本講では社会保障制度のうち所得を保障する諸制度について学ぶ。本講では、①社会保障の対象となる私たち国民生活について家計の面から特徴をとらえ、②所得保障の意義について考察する。

第1節　総務省「家計調査」にみる勤労者世帯の生活特徴

　私たち国民の生活について総務省「家計調査」[*1]に基づいて家計の側面からみることとする。家計調査のうち勤労者世帯の年次推移をみると、家計が膨張していることがわかる。例として、収入総額に当たる「受取」は、1965（昭和40）年に9万6,096円であったものが、2016（平成28）年は99万6,474円と約10倍となっている。収入の内訳をみると、現金が手元に入る「実収入」と手元に現金は残るが一方で負債の増加、資産の減少をともなう「実収入以外の受取」からなり、「実収入以外の受取」は1965年からの50年間に約36倍にも増加している。かつては、「手から口へ」と称されるように、その月に流入した収入（賃金）をもって、その月の直接的な消費支出に大部分があてられていたが、その後、賃金の上昇、「ローン」「クレジット」等の「実収入以外の受取」に支えられて消費は拡大していった。

　支出面をみると、消費支出は低下し、非消費支出が増大している。さらに消費支出のなかでも「社会的固定費」と称される交通・通信費、光熱・水道費、住居費、教育費、保健医療費の占める割合が高くなっている。これらの費用は消費支出のなかで「いわゆる社会的共同消費費目、具体的には電気、ガス、水道料、住居、教育、保健医療、交通・通信などの購入費用で、生活水準の高低など個人生活状況に関係なく、一定水準の購入・消費が社会的に強制され、その意味では家計支出の固定部分を形成するもの」[1]とされるものである。

　加えて税・社会保険料を意味する非消費支出の占める割合が支出全体の1割を占めている。生活を支えるライフライン・交通機関などの生活基盤、社会保障などの社会サービスへの支出であり、社会的に支払うことを固定化されている費目である。社会的固定費の負担は、世帯主の年齢階級、世帯類型、

*1　家計調査
　全国の全世帯（学生の単身世帯、施設等の世帯を除く）を対象として家計収支の調査を行い、国民生活の実態を毎月明らかにし、国の経済政策・社会政策の立案のために基礎資料を得ることを目的としている。2015（平成27）年の対象は168市町村、約9,000世帯。

表Ⅲ-2-1　勤労者世帯の収入と支出

1．勤労者世帯の世帯主年齢別　収入と支出（1か月当たり）

世帯主年齢		平均	
世帯主の平均年齢（歳）		48.5	
世帯人員（人）		3.39	
有業人員（人）		1.74	
		実数（円）	構成比（%）
収入	A＝受取－繰入金	926,774	100.0
	実収入	526,973	56.9
	勤め先内世帯主収入	413,533	44.6
	勤め先収入内世帯主の配偶者の収入	65,632	7.1
	社会保障給付	26,302	2.8
	実収入以外の受取	399,801	43.1
支出	B＝支払－繰越金	934,829	100.0
	実支出	407,867	43.6
	消費支出	309,591	33.1
	非消費支出	98,276	10.5
	実支出以外の支払	526,962	56.4
☆（可処分所得※）		428,697	46.3

☆はAに対する可処分所得の%を示す

2．勤労者世帯の世帯主年齢別　消費支出内訳

	平均	
	実数（円）	構成比（%）
消費支出	309,591	100.0
食料	74,770	24.2
住居	18,862	6.1
光熱・水道	20,730	6.7
家具・家事用品	10,854	3.5
被服及び履物	13,099	4.2
保健医療	11,295	3.6
交通・通信	48,798	15.8
教育	19,612	6.3
教養娯楽	30,133	9.7
その他の消費支出	61,439	19.8
エンゲル係数		24.2

※「実収入」から税金、社会保険料などの「非消費支出」を差し引いた金額で、いわゆる手取り収入のことである。購買力の強さを図ることができる。
資料：「総務省家計調査年報（2016〔平成28〕年）」より筆者作成

所得階層により異なり、低所得世帯の方が負担割合は高い。

　また、給与振込、公共料金支払い、ローン、クレジット支払いなどに金融機関が介在することで家計が複雑になっていることも指摘されている。

　このような家計の状況から勤労者世帯の生活の特徴として次の点をあげることができる。

　①生活のためには多くの貨幣を必要としている。②「生活の社会化」[*2]

*2　生活の社会化
第Ⅰ部6講p.50参照。

により、道路の整備、ゴミ処理、水道の使用料など生活基盤、生活を支える一般的諸条件を「生活共同財」として必要としている。「生活共同財」とあわせて社会保障などの社会サービスも必要としている。③生活共同財、社会保障などの社会サービスだけではなく、さまざまなサービス、モノを世帯のなかに取り込んで生活をしているが、商品化がすすんでいる。④一見すると自由な選択により暮らしているようにみえるが、「人並みの暮らし」「社会的標準的生活水準」が形成され、その生活に規定されている。⑤所得水準の上昇、生活水準の上昇は必ずしも生活のゆとり、生活の安定をもたらすものではない（第Ⅰ部6講参照）。

第2節　所得保障の諸制度とフローの所得

1──フローの所得と所得保障

　所得・収入（income）には「フロー」（flow）と「ストック」（stock）がある。「フローの所得」とは流れる所得を示し、毎月の賃金などである。これに対して「ストックの所得」とは貯金、有価証券などの貯えを示している。

　第1節でみたように、私たちの生活は「フローの所得」により支えられており、フローの所得が重要である。しかし、失業、長期の病気によりフローの所得が中断したり、老齢、障害、死亡によりフローの所得を失うリスクは誰にでもおこりうることである。そこで、このフローの所得を保障するのが社会保障による所得保障である。

2──日本の所得保障の諸制度

　日本の社会保障制度による所得保障は社会保険が中心であり、多様な制度からなっている。具体的には社会保険による「雇用保険」「労働者災害補償保険」「傷病手当金（医療保険）」「年金保険」がある。「年金保険」は老齢、障害、生計維持者の死亡といった「保険事故」に対して長期に定期的に所得を保障することを目的としている。「傷病手当金」は傷病により働くことが困難になった場合、有期での所得保障を目的としている。「労働者災害補償保険」は労働災害による所得の中断・喪失、傷病、障害、介護、死亡に対する所得保障を主な目的としている。「雇用保険」は失業時の所得保障を主な目的としている。このように、複数の社会保険制度により所得保障が行われている。

さらに、公的扶助としての「生活保護」、社会手当である「児童手当」「児童扶養手当」「特別児童扶養手当」「特別障害者手当」「障害児福祉手当」による所得保障がある。

社会手当は、第三の方法と称される制度である。所得要件だけで所得を保障する制度であり、財源は租税である。社会保険のようにあらかじめ社会保険に加入し、保険料を納める必要はなく、公的扶助のように「資力調査」（ミーンズテスト）[*3]を受ける必要はない。一定の所得要件を満たす対象に支給される。日本の場合、種類は少なく、金額も低い現状にある。

*3 資力調査（ミーンズテスト）
第Ⅱ部1講p.65参照。

第3節　所得保障の意義

1——社会階級階層構成の変化と所得保障

江口・川上による日本の社会階級・階層構成の変化をみると、戦後日本の就業人口は増加しており、なかでも労働者（被雇用者）の増加が著しい。特に1955（昭和30）年から1975（同50）年までの20年間で15歳以上就業人口は3,926万1,000人から5,295万5,000人へと1.3倍に増加し、1955年では15歳以上就業人口の43.4％であった労働者階級は1975年には66.8％を占めるようになっている。

これについて川上は次のように指摘している。この20年間で日本は近代的な資本主義的社会構成をとるようになり、この変化は「労働者階級の構成比の増大という内包的な質的変化であったことが重要である。人々の暮らし方はそれとともに変化し、近代労働者家族＝核家族としての生活様式へ、決定的に変貌したのである」[2]と述べている。その後も就業人口数は、1990（平成2）年は6,138万人、2000（同12）年は6,229万人に増加し、うち労働者階級はそれぞれ75.8％、79.9％を占めるようになった（表Ⅲ-2-2）。

労働者階級の実数・構成比の増大は、被雇用者の増大を意味しており、会社、工場、商店などに雇用されて決まって支給される賃金、つまりフローの所得で生活をしている国民が大半であることがわかる。

自己責任の原則のもと私たちは働き、収入（賃金）を得て暮らしているが、このフローの所得の中断、または喪失に個人的努力で備えることは容易なことではない。またそのリスクを回避することも困難である。

近代的労働者家族、言い換えると雇用されて働き賃金を得ている勤労者家族にとって、社会保障による所得保障は必要不可欠なものである。

Ⅲ−2 家計からみた生活の特徴と所得保障の意義

表Ⅲ−2−2 社会階級階層構成の推移

(単位:千人)

	1970年		1980年		1990年		2000年	
	実数	%	実数	%	実数	%	実数	%
15歳以上就業人口	52,091	100.0	55,671	100.0	61,380	100.0	62,290	100.0
農林漁業職業従事者	9,939	19.1	5,966	10.7	4,222	6.9	3,030	4.9
非農林漁業職業従事者	42,152	80.9	49,713	89.3	57,158	93.1	59,260	95.1
Ⅰ 資本家階級	3,841	7.4	5,441	9.8	5,438	8.9	4,542	7.3
1 会社経営者	922	1.8	1,303	2.3	1,522	2.5	1,208	1.9
2 部門担当経営者	1,131	2.2	1,365	2.5	1,021	1.7	649	1.0
3 小経営者	1,305	2.5	2,205	4.0	2,281	3.7	2,046	3.3
1)健、手、機、陸、水	716	1.4	987	1.8	924	1.5	941	1.5
2)商業主	271	0.5	581	1.0	658	1.1	493	0.8
3)サービス業主	53	0.1	133	0.2	119	0.2	153	0.2
4)家族事務員	265	0.5	504	0.9	579	0.9	460	0.7
4 公安従事者	483	0.9	568	1.0	614	1.0	639	1.0
Ⅱ 自営業者層	5,980	11.5	6,359	11.4	5,222	8.5	4,954	8.0
1 自営業者	4,518	8.7	4,826	8.7	3,557	5.8	3,133	5.0
2 名目的自営業者	1,462	2.8	1,533	2.8	1,665	2.7	1,821	2.9
Ⅲ 労働者階級	32,331	62.1	37,913	68.1	46,498	75.8	49,764	79.9
1 不規則就業労働者	5,876	11.3	7,031	12.6	8,460	13.8	9,250	14.8
1)単純労働者	3,068	5.9	3,551	6.4	4,497	7.3	4,967	8.0
2)商業使用人	514	1.0	821	1.5	807	1.3	837	1.3
3)サービス使用人	1,428	2.7	1,790	3.2	2,266	3.7	2,697	4.3
4)家内労働者	867	1.7	870	1.6	890	1.4	749	1.2
2 販売サービス労働者	2,110	4.1	2,754	4.9	3,898	6.4	4,810	7.7
1)販売労働者	1,615	3.1	2,238	4.0	3,178	5.2	3,492	5.6
2)サービス労働者	484	0.9	516	0.9	720	1.2	1,318	2.1
3 生産労働者	13,010	25.0	13,343	24.0	13,897	22.6	12,842	20.6
1)下層生産労働者	5,332	10.2	5,857	10.5	6,194	10.1	5,198	8.3
2)中級生産労働者	4,229	8.1	4,583	8.2	5,206	8.5	5,396	8.7
3)上層生産労働者	2,636	5.1	2,219	4.0	2,359	3.8	2,101	3.4
4)官公生産労働者	813	1.6	684	1.2	138	0.2	147	0.2
4 俸給生活者	11,335	21.8	14,784	26.6	20,217	32.9	22,863	36.7
1)販売俸給生活者	1,121	2.2	1,394	2.5	2,035	3.3	2,796	4.5
2)下層事務員	2,000	3.8	3,049	5.5	4,146	6.8	4,381	7.0
3)一般事務員	2,579	5.0	3,370	6.1	4,465	7.3	4,779	7.7
4)上層事務員	885	1.7	828	1.5	1,053	1.7	975	1.6
5)技術者	1,103	2.1	1,407	2.5	2,859	4.7	3,424	5.5
6)自由業的俸給生活者	613	1.2	949	1.7	1,307	2.1	1,454	2.3
7)教師	1,097	2.1	1,528	2.7	1,692	2.8	1,765	2.8
8)医療俸給生活者	653	1.3	1,057	1.9	1,568	2.6	2,101	3.4
9)官公俸給生活者	1,284	2.5	1,199	2.2	1,092	1.8	1,188	1.9
15歳以上無業人口	27,140	34.3	34,118	38.0	39,316	39.0	44,328	41.0
休業者	529	0.7	599	0.7	616	0.6	823	0.8
完全失業者	712	0.9	1,420	1.6	1,914	1.9	3,120	2.9
家事従事者	13,946	17.6	17,305	19.3	17,624	17.5	19,805	18.3
通学	6,712	8.5	6,502	7.2	9,613	9.5	7,912	7.3
老齢、病気、その他	5,241	6.6	8,292	9.2	9,549	9.5	12,668	11.7

注:15歳以上無業人口の%は15歳以上無業人口を100とする。
資料:国勢調査、事業所統計調査より
出典:川上昌子『社会福祉原論読本』学文社 2007年 p.44

2 ── 社会保障による所得保障の意義

　第1項で国民にとっての社会保障による所得保障の必要性を述べたが、社会保障による所得保障はただ現金を支給すればよいのではなく、第1に、社会保障の要件であるナショナル・ミニマムを保障するものでなければならない。第2に、定期的に支給されなければならない。

　一定水準の所得が定期的に保障されることで、私たちは地域生活を継続することができる。社会保険による所得保障水準は、原則として賃金額に比例しており、これにより大きく生活水準が低下することを防ぐことができる。また、公的扶助による保障水準はナショナル・ミニマムであり、貧困を解消し、生活水準を押し上げる役割を果たしている。

　財源は社会保険は加入者が拠出した社会保険料と国庫負担からなり、公的扶助は租税からなっている。このことから社会保障による所得保障は所得の再分配であり、救済とは異なる。

【引用文献】
1）江口英一編『生活分析から福祉へ─社会福祉の生活理論─』光生館　1987年　p.212
2）江口英一編『改訂新版　生活分析から福祉へ』光生館　1998年　p.20

【参考文献】
江口英一・川上昌子『日本における貧困世帯の量的把握』法律文化社　2009年
松村祥子・岩田正美・宮本みち子『現代生活論』有斐閣　1988年

▶第3講　所得保障の諸制度　社会保険①
雇用保険・労働者災害補償保険・傷病手当金

> ▶はじめに
>
> 　第2講で社会保障制度による所得保障はフローの所得を保障するものであり、その給付水準は一定の水準であり、定期的に給付されるものであることを学んだ。第3講からは、所得を保障する社会保険の諸制度を学ぶ。本講では雇用保険、労働者災害補償保険を取り上げる。
>
> 　第2講で説明したように社会保険とは、特定の「保険事故」（失業、労働災害、高齢、退職、生計維持者の死亡、病気、けが、障害、要介護）が発生したときに、現金、現物の給付を行う制度である。そのために、加入者から保険料を徴収する。国民の側からすると、自分とその扶養家族の生活上のリスクに対して、法律で定められた社会保険制度に強制加入し、「保険料」を「保険者」である国に納めることで、何らかの保険事故が発生したときに、半ば自動的・画一的に国から給付を受けることができ、生活水準の低下を防ぐことができるものである。
>
> 　以上からわかるように、社会保険の要件は、国家管理、国庫負担、強制加入である。

第1節　雇用保険制度

1──社会保障における失業時所得保障

　近代労働者は、他者に雇用され、賃金を得ることで生活を維持している。したがって、労働の意思と能力がありながら雇用の場を失う失業は、賃金というフローの所得の喪失をもたらし、生活に大きな打撃を与える。

　失業時の所得保障を国の失業保険制度として初めて成立させたのはイギリスであり、1911年に「国民保険法（第二部：失業保険）」[*1]を創設した。また、ILO（国際労働機関）は1919年に失業保険に言及する「失業に関する条約」および同勧告を採択し、その後失業保険制度は各国に広がった。

*1　国民保険法（第二部：失業保険）
第Ⅰ部4講 p.35参照。

2──日本の失業時所得保障──失業保険法から雇用保険法へ──

　戦前の日本においても失業保険法制定への動きはあったが、制定までいたらず、結局第二次世界大戦後の1947（昭和22）年に「失業保険法」が制定さ

れた。制定当初の給付内容は、失業保険金と移転費であった。失業保険金は、離職の日以前の1年間に通算して6か月以上の被保険者期間と失業認定を要件として、失業保険金（離職後1年間に180日分を支給）を支給するものであった。移転費とは職業安定所が紹介する仕事に就くために、住所、居所を変更する場合に支給された。失業保険は労働者の失業時の所得保障として一定の役割を果たしてきた。

その後、1974（昭和49）年に「雇用保険法」が制定されたことにより、失業保険法は廃止された。背景には総需要抑制策の浸透にともなう雇用失業情勢の悪化があった。

Column　失業の定義

総務省「労働力調査」は「完全失業者」を次の3つの条件を満たす者としている。①仕事がなくて調査週間中に少しも仕事をしなかった（就業者ではない）。②仕事があればすぐ就くことができる。③調査週間中に、仕事を探す活動や事業を始める準備をしていた（過去の求職活動の結果を待っている場合も含む）。

総務省「国勢調査」は「完全失業者」を「調査週間中、収入を伴う仕事を少しもしなかった人のうち、仕事に就くことが可能であって、かつ、ハローワーク（公共職業安定所）に申し込むなどして積極的に仕事を探していた人」としている。

完全失業率とは、労働力人口のうち完全失業者が占める割合をいい、以下のように求められる。

完全失業率（％）＝（完全失業者÷労働力人口）×100

3——雇用保険制度（雇用保険法）

(1) 目的と概要

雇用保険制度の目的は「労働者が失業した場合及び労働者について雇用の継続が困難となる事由が生じた場合」「労働者が自ら職業に関する教育訓練を受けた場合」に必要な給付を行うことで「労働者の生活及び雇用の安定を図る」とともに「その就職を促進」する。あわせて、「労働者の職業の安定に資するため、失業の予防、雇用状態の是正及び雇用機会の増大」等を図ることである（雇用保険法第1条）。この目的のために「失業等給付」と「雇用保険二事業」を行う。

雇用保険の保険者は国、被保険者は適用事業所に雇用される労働者である。財源は、事業主と被保険者が負担する保険料と国庫負担からなる。被保険者

Ⅲ－3　雇用保険・労働者災害補償保険・傷病手当金

図Ⅲ－3－1　雇用保険制度の概要

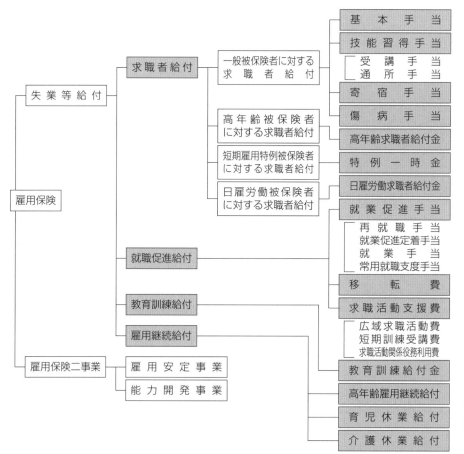

出典：ハローワークインターネットサービス
https://www.hellowork.go.jp/insurance/insurance_summary.html（平成29年7月6日閲覧）

には一般被保険者、高年齢継続被保険者、短期雇用特例被保険者、日雇労働被保険者の4種類がある（図Ⅲ－3－1）。

　雇用保険の失業等給付は「求職者給付」[*2]「就職促進給付」[*3]「教育訓練給付」[*4]「雇用継続給付」[*5]からなる。雇用保険二事業は「雇用安定事業」[*6]「能力開発事業」[*7]である。

　労働者が雇用される事業は、業種・規模のいかんにかかわらず、すべて適用事業となる。ただし、農林水産業については、個人事業で雇用労働者が5人未満のものは当分の間任意適用としている。また、一週間の所定労働時間が20時間未満である者等、国家公務員、地方公務員は適用除外となっている。

　以上のように、労働者を雇用している事業はすべて適用事業であることから、雇用されている労働者はすべて被保険者となる。

*2　求職者給付
　失業した労働者の生活の安定を図りつつ、求職活動を援助する給付。

*3　就職促進給付
　再就職を援助する給付。

*4　教育訓練給付
　労働者が費用を負担して教育訓練を受ける場合について、訓練に要した費用の一部に相当する額が支給される給付。

*5　雇用継続給付
　労働者の職業生活の円滑な継続を援助、促進する給付。

*6　雇用安定事業
　失業の予防、雇用状態の是正、雇用機会の増大等雇用の安定を図る。

*7　能力開発事業
　職業生活の全期間を通じて、労働者の能力を開発、向上させることを促進する。

(2) 雇用保険の主な給付—基本手当の受給について—

　失業して所得を失ったときの所得保障として支給されるのが「失業手当」である。失業手当の支給を受けるためには、厚生労働省所管の公共職業安定所（ハローワーク）で「失業」の認定を受けなければならない。

　雇用保険では、通常の失業給付に当たる手当を「基本手当」と呼んでいる。基本手当の給付日数は、雇用保険加入期間・年齢により決められている。基本手当日額は、原則として離職前6か月における賃金の総額を180で除した金額の8割から5割である。

(3) 近年の動向

　戦後の日本は失業率の低い状態が続いていたが、バブル経済崩壊後の失業率は上昇している。失業者の増加を受けて、近年雇用保険法の改正が行われている。

　2010（平成22）年改正は、厳しい雇用情勢をふまえて、非正規労働者に対するセーフティネット機能の強化、雇用保険財政基盤の強化等が図られた。非正規労働者の雇用保険適用の拡大を図り、支給条件を「6か月以上の雇用見込みがあること」を「31日以上の雇用見込みがあること」へ改正した。また、雇用保険に未加入とされた労働者の遡及適用期間の改善が行われた。

　さらに、2016（平成28）年改正では、失業等給付に係る保険料率を引き下げるとともに、労働者の離職の防止や再就職の促進を図るために、育児休業・介護休業制度の見直しや、就職促進給付が拡充された。さらに、高年齢者の雇用を促進するため、65歳以降に新たに雇用される者を雇用保険の適用対象とする等が行われた。

 Column　　　　求職者支援制度（2011〔平成23〕年創設）

趣旨・目的：雇用保険を受給できない求職者に対し、①訓練を受講する機会を確保するとともに、②一定の場合には訓練期間中に給付金を支給し、③ハローワークが中心となって就職支援を行うことにより、早期の就職を支援するもの。就職につながる制度となるように、適正な訓練設定と厳しい出席要件、ハローワークへの来所を義務づける。

対象者：雇用保険を受給できない者で、就職を希望し、支援を受けようとする者（例：雇用保険の受給終了者、受給要件を満たさなかった者、雇用保険の適用がなかった者、学卒未就職者・自営業廃業者等）

第2節　労働者災害補償保険制度

1 ── 労働災害とは

　労働災害とは、一般に業務上の災害による負傷、疾病、死亡を意味する。狭い意味では業務上の事故による負傷、死亡をいい、職業病とは区別して用いる。法律によって使用者は、労働者を労働災害から守る措置を講ずることが義務づけられている。

2 ── 労働者災害補償保険制度（労働者災害補償保険法）

(1) 目的と概要

　労働者災害補償保険の目的は、「業務上の事由又は通勤による労働者の負傷、疾病、障害、死亡等に対して迅速かつ公平な保護をするため、必要な保険給付を行い、あわせて、業務上の事由又は通勤により負傷し、又は疾病にかかつた労働者の社会復帰の促進、当該労働者及びその遺族の援護、労働者の安全及び衛生の確保等を図り、もつて労働者の福祉の増進に寄与すること」である（労働者災害補償保険法第1条）。

　労働者災害補償保険（労災保険）の保険者は国、財源は事業主が負担する保険料と若干の国庫負担からなる。事業主は労働者災害補償保険に保険料を納めることで、労働災害がおきたときに、保険給付を受け、労働基準法に定められている事業主の責任を果たすことができるしくみである。

　労災保険は、原則として労働者を使用するすべての事業所に適用される。
　労働者を1人でも雇用する事業主は加入しなければならない[*8]。その適用対象は、常用、臨時等の従業上の地位にかかわらずすべての労働者に適用される。また、農業者、個人タクシーなどの「ひとり親方」も「特別加入」できる。なお、国家公務員、地方公務員は適用除外となっている。

　労災保険の給付は、業務災害に関する保険給付（療養補償給付、休業補償給付、障害補償給付、遺族補償給付、葬祭料、傷病補償年金、介護補償給付）、通勤災害に関する保険給付（療養給付、休業給付、障害給付、遺族給付、葬祭給付、傷病年金、介護給付）、二次健康診断等給付がある。

(2) 労働者災害補償保険の対象

　補償の対象となるのは、「業務災害」「通勤災害」である。「業務災害」とは労働者が業務を原因として被った負傷、疾病、障害、死亡であり、「通勤

*8　個人経営の農業、水産業で労働者数5人未満の場合、個人経営の林業で年間使用のべ労働者数が300人未満の場合は除く。

災害」とは通勤によって労働者が被った負傷、疾病、障害、死亡をいう。このように業務と傷病等の間に一定の因果関係があることを「業務上」と呼んでいる。「業務災害」と認められる例として、作業中の災害、作業を中断している際の災害、作業の準備中の災害である。業務上の疾病とは業務上のけがが原因となった疾病、労働基準法施行規則第35条に列挙されている疾病、その他申請により労働基準局が判断したものである。労働災害の認定は労働基準監督署長が行うとされている。

(3) 労働者災害補償保険の主な給付

労働者災害補償保険による給付には「療養（補償）給付」、「休業（補償）給付」「障害（補償）給付」などがある（図Ⅲ-3-2）。療養補償給付は業

図Ⅲ-3-2 労災保険給付の概要

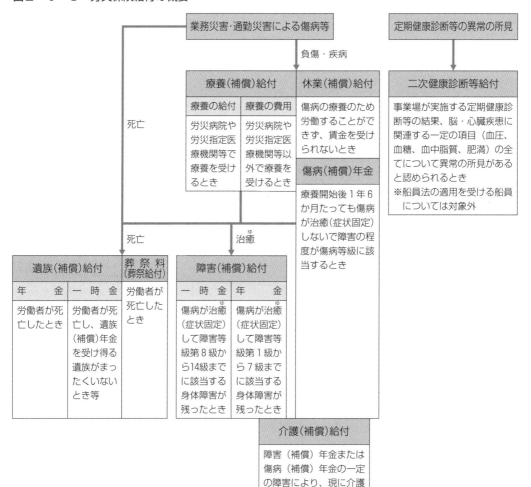

出典：厚生労働省・都道府県労働局・労働基準監督署編『労災保険給付の概要』2017年　p.11

務上災害が原因となって生じた疾病等が治るまでの療養費全額または現物給付である療養の給付を補償する。休業補償給付は療養中の休業補償としてその間の所得を保障する。障害補償給付は傷病等が治癒しても、障害が残った場合、その生活を保障するための一時金や年金を支給するものである。

「二次健康診断等給付」は、事業主が実施する「労働安全衛生法」に基づく定期健康診断などにおいて、脳血管疾患、虚血性心疾患などに関連するいくつかの項目について異常の所見があると診断された労働者に対して、その請求に基づいて行うものである。この結果により、特定保健指導が行われる。

「療養補償給付」など補償を受けようとするときは、労働者自身が労働基準監督署に申請をしなければならない。申請をせず一定期間が経過すると時効となり権利を喪失する。

(4) 近年の動向

2007（平成19）年の改正により従来の労働福祉事業が社会復帰促進等事業に改められた。また適用除外とされていた船員保険の被保険者を適用対象とした。

2014（平成26）年度の保険給付支払総額は7,513億円、給付の種類別では年金等給付が49.4％を占め、業種別では建設事業29.9％、その他の事業27.1％、製造業24.9％となっている。

第3節　傷病手当金

1——傷病手当金とは

傷病手当金とは、傷病のために働くことができず、賃金を得ることができない場合に医療保険から支給される所得保障である。医療保険による給付には、医療給付と現金給付がある。傷病手当金は医療保険による現金給付である。

2——支給条件と内容

傷病手当金を受けるためには次の条件をすべて満たす必要がある。①業務外による傷病の療養のために働くことができない（労務不能）、②連続する3日（待期期間）を含み、4日以上仕事を休んでいる、③給与の支払いがない、または支払額が傷病手当金より少ないこと、である。

＊9　標準報酬月額
　健康保険法、厚生年金法、各種共済組合法において、保険料の徴収、保険給付額の算出基盤とするため、おおむね報酬（月給）に比例して設けられた報酬等級。

　支給される日額は、支給開始以前の被保険者の直近12か月の標準報酬月額＊9を平均した額の30分の1に相当する額の3分の2に相当する額である。支給期間は、同一の疾病や負傷に関して支給開始日から1年6か月を限度としている。
　日本の医療保険制度には国民健康保険、健康保険、共済保険などがあるが、国民健康保険の場合は、傷病手当金は任意給付となっていることに留意する必要がある。

第4節　失業、労働災害、傷病に対する所得保障の意義

　私たちは働き、収入を得て暮らしている。第Ⅲ部2講で説明したように、今日就労している国民の約8割は被雇用者、つまり企業、工場、商店などに雇用されて、賃金を得て生計を維持している。したがって、賃金というフローの所得を失う、または一時的に中断するリスクはほとんどの労働者におこるリスクとなっている。
　しかし、失業、労働災害、傷病に対して労働者個人がどのように気をつけても、避けることができない場合もある。失業、労働災害にあったとき、傷病のために働くことができなくなったときの所得保障には大きな意義があるといえる。
　例えば、失業時の所得保障に焦点を当てる。失業したときに社会保障により所得保障が保障されることで、まず労働者とその家族の生活を保障することができる。一定の生活水準が保障されることにより、自身の労働能力を維持することができ、再就職が容易になる。さらに、生活困窮を避けることができたことで、不本意な再就職や低賃金労働をしなくてすむ。現に職についている他の労働者にとっては、失業者が低賃金労働への就労を回避できたことで、労働市場全体の賃金水準低下を防ぐことができ、自分の就労と賃金水準を維持できる。これにより、労働者全体の雇用と生活の安定につながる。

【参考文献】
厚生労働統計協会編『保険と年金の動向2016／2017』厚生労働統計協会　2016年
佐口卓『社会保障概説（第3版）』光生館　1999年
横山和彦・田多英範編『日本社会保障の歴史』学文社　1991年
厚生労働省：雇用
　　http://www.mhlw.go.jp/stf/seisakunitsuite/bunya/koyou_roudou/koyou/index.html
　　（平成29年7月6日閲覧）
厚生労働省：労災保険給付の概要
　　http://www.mhlw.go.jp/new-info/kobetu/roudou/gyousei/rousai/040325-12.html（平成

29年7月6日閲覧）
総務省統計局：労働力調査　用語の解説
　http://www.stat.go.jp/data/roudou/definit.htm（平成29年7月6日閲覧）
総務省統計局：Ⅳ　国勢調査の結果で用いる用語の解説
　http://www.stat.go.jp/data/kokusei/2010/users-g/pdf/04.pdf（平成29年7月6日閲覧）
厚生労働省：求職者支援制度について
　http://www.mhlw.go.jp/file/06-Seisakujouhou-11600000-Shokugyouanteikyoku/kyuushokusha_gaiyou_1.pdf（平成29年7月6日閲覧）

▶第4講 所得保障の諸制度　社会保険②
年金保険

▶はじめに

　本講では前講に続いて所得を保障する社会保険制度について学ぶ。ここでは、日本の年金保険制度のしくみ、所得を保障する諸制度のなかでの年金保険の特徴を理解することを学習課題とする。具体的には①「年金」とは何か、②日本の公的年金制度の歴史、③現在の年金保険制度のしくみと給付、④年金の意義について学ぶ。

第1節　年金とは

　「年金」とは、毎年一定額を何らかの条件のもとに支給していくことである。社会保障制度による年金制度もあれば、私的企業による個人年金、企業年金もある。ここでは、社会保障制度による年金制度、つまり公的年金制度について学ぶ。

　島田はILO（国際労働機関）の年金制度の定義を次のように紹介している。「年金とは、一家を支える者が、老齢、死亡、障害者となった場合に、社会保障制度から長期間にわたって、定期的に支払われる現金給付の総称である。老齢、死亡、障害という三つの状態は、本人の労働生活の終りという共通の特徴がある」[1]。ILOが述べている年金とは、法律に基づき政府または公的機関が主体となり運営する「公的年金」を示している。

　日本の公的年金は、社会保険方式であり、保険料と国庫負担を財源としている。国民は法律に定められた年金保険に加入し、保険料を納めることで、老齢、障害、死亡の保険事故がおきたときに、「老齢年金」、「障害年金」、「遺族年金」として年金という現金給付を受けることができる。

　年金の所得保障としての特性は、長期間にわたり、一定金額が定期的に支給されることである。一家を支える者が老齢、障害、死亡により労働によるフローの所得[*1]を失っても、年金によりフローの所得が保障され、今までの生活を継続することができる。

　第Ⅲ部2講の江口・川上の社会階級・社会階層構成表でみたように、戦後の日本人の働き方は大きく変化し、被雇用者として働く者が多くを占めるようになっている。長期の病気、労働災害にならず、あるいは失業することなく働き続けることができても、必ず「定年退職」により労働から引退しなけ

*1　フローの所得
　第Ⅲ部2講 p.131参照。

第2節 日本の公的年金の歴史

1 ── 職業別に発展

　第Ⅰ部3講で述べたようにヨーロッパの公的年金の歴史をみると、その始まりは身寄りがなく、働くことができない高齢者に、国の負担で年金を支給したことであった。その後、19世紀末にはドイツで労使が保険料を負担する「拠出制」の年金制度が創設され、ヨーロッパ各国に広がっていった。

　これに対して、第二次世界大戦前の日本では、年金というより元官吏[*2]、軍人に支給される「恩給」が先であった。1875（明治8）年に「海軍退隠令」が、1876（同9）年に「陸軍恩給令」が、1884（同17）年に「官吏恩給令」がつくられた。1923（大正12）年には、各種の恩給令が統一された（「恩給法」）。恩給とは国家に忠誠をつくした軍人や官吏に対する恩賞という意味である。

　1907（明治40）年に帝国鉄道庁職員救済組合[*3]がつくられ、次いで専売、印刷、逓信などの官業労働者の共済組合がつくられた。共済組合の財源は、国庫に加えて労使双方が保険料を拠出する社会保険方式をとった。

　明治から大正にかけて、民間労働者が加入できる年金制度は何もなかった。民間労働者のための最初の年金制度は、1939（昭和14）年の「船員保険法」で、戦時下の海上輸送のための船員を確保することが目的であった。現在の厚生年金保険の前身である「労働者年金保険法」が実施されたのは1942（同17）年で、対象は10人以上の事業所で働く男子労働者である。1944（同19）年に名称を「厚生年金保険法」と改め、適用範囲を常時5人以上雇用する事業所に広げ、被保険者に男子事務職員・女子職員を加えた。戦時下につくられた厚生年金保険は「産業戦士の恩給制度」と称されたが、戦費調達、保険料拠出によるインフレ抑制が目的とされている。

　以上のように、日本の公的年金の歴史は、元官吏、軍人への「恩給」から始まっていること、また、船員、工場労働者、公務員などと職業別に公的年金制度が発展してきたことが特徴といえる。

*2　官吏
　役人、国家公務員を意味していた。

*3　帝国鉄道庁職員救済組合
　現在のJRにあたる共済組合。

2 ── 1960年代「国民皆年金」の確立

　第二次世界大戦後、年金制度は日本国憲法第25条の生存権に基づく社会保

障制度として位置づけられた。1948（昭和23）年には国家公務員共済組合が設立され、恩給法の適用がなかった現業部門の官吏以外の職員にも年金が適用された。厚生年金保険法は1954（同29）年に改正されたが、加入者のなかから別に共済組合をつくる動きが生まれ、1954年に私立学校教職員共済組合などがつくられた。また、GHQ（連合国軍総司令部）による占領下において軍人恩給は廃止されたが、元軍人のなかには生活困窮に陥る者もあり1953（同28）年に恩給制度は復活した。その後、1959（同34）年に国家公務員共済組合へ統合された。

このように、公務員の年金、民間労働者の年金制度は整備されたが、農林漁業や商業などの自営業者が加入できる制度はなかった。さらに、5人未満の事業所で働く労働者、主婦が加入できる年金制度もなかった。島田によれば、1955（昭和30）年の推計では、「公的年金の未適用者の数は20歳から40歳で2739万人（この年代の75％）にのぼった」[2]。そのため、すべての国民に対して、年金制度の網をかけるために1959（同34）年に「国民年金法」が成立した。同年には全額国庫で支給する「福祉年金」が発足し、70歳以上の高齢者約200万人に支給が開始された。また、保険料を拠出する「拠出制」の国民年金の加入者は、20歳から59歳までで他の公的年金の適用を受けていない者として、1961（同36）年4月から実施された。国民年金が成立したことで、成人した国民は何らかの年金制度に加入する「国民皆年金」がようやく実現したのである。その後も年金制度の整備、改善はすすんだが、以下では1985（同60）年の改正と2012（平成24）年の改正について取り上げる。

3 ── 1985（昭和60）年における年金制度改革

「国民皆年金」のもと年金制度の整備がすすめられていたが、3種7制度に分立していたため、各年金制度間の格差、女性の年金保障が不安定であること、給付水準の適正化などの問題が指摘されていた。1970年代の終盤から高齢化社会に向けた安定した年金制度の運営が問われるようになった。1977（昭和52）年、社会保障制度審議会は「皆年金下の新年金体系」に関する建議を出し、厚生省（当時）は1982（同57）年に『21世紀の年金を考える』のなかで年金制度の再編成、基礎的年金の導入の方向を示した。

これを受けて、年金制度は1985（昭和60）年に大幅に改正された。その目標は、長期的に安定した制度の確立、世代間・世帯内の公平性の確保とされた。主な改正点は、①基礎年金の導入、②給付水準と負担の適正化、③女性の年金権の確立、④障害年金の充実である。

(1) 基礎年金の導入

　これまでみたように日本の年金制度は、その発展過程において職業等により複数の制度に分立している。そのなかで、官民格差など制度間格差が指摘されていた。

　国は、制度間格差をなくす一つのステップとして、従来の国民年金を全国民が加入する「基礎年金」とする「基礎年金制度」を新たにつくり、厚生年金等の被用者年金の被保険者も加入することになった。20歳から59歳までの国民はすべて国民年金に加入することになった。

　厚生年金等の被用者年金は、基礎年金（定額）の上に報酬比例部分として上乗せされることになった（図Ⅲ－4－1）。つまり、国民年金の基礎年金を1階部分とし、その上乗せとしての厚生年金等の被用者年金を2階とみなす、「2階建て」年金制度へ再編成された。

図Ⅲ－4－1　公的年金制度のしくみ

※1　被用者年金制度の一元化に伴い、平成27年10月1日から公務員および私学教職員も厚生年金に加入。
※2　第2号被保険者等とは、被用者年金被保険者のことをいう（第2号被保険者のほか、65歳以上で老齢、または、退職を支給事由とする年金給付の受給権を有する者を含む）。
出典：厚生労働省「公的年金制度の概要」http://www.mhlw.go.jp/stf/seisakunitsuite/bunya/nenkin/nenkin/zaisei01/（平成29年7月7日閲覧）

(2) 給付水準と負担の適正化

　年金制度が成熟することにともない平均加入年数が伸びていくことにあわせて、20年をかけて段階的に年金の給付水準を引き下げることにした。将来の年金水準としては、民間サラリーマン世帯の場合、男性平均賃金の約68％程度を維持することとされた。この給付水準の適正化により保険料負担額も軽減するとされた。

(3) 女性の年金権の確立

　被用者の妻（専業主婦）は、1985（昭和60）年の改正前は、国民年金に任意加入できることになっていたが、強制加入ではなかったため、多くは加入していなかった。したがって、離婚あるいは婚姻中に障害者になった場合の年金保障がない者もいた。しかし、今回の改正により基礎年金が導入されたことで、被用者の妻も国民年金に強制加入することになり、自分名義の基礎年金を受給できるようになった。

(4) 障害年金の充実

　改正前の制度では、20歳前の傷病により障害者となった者については、国民年金加入前ということで、拠出制の国民年金の障害年金は受給できなかった。このため障害年金より低額な障害福祉年金が支給されていたが、今回の改正により、20歳前の傷病による障害者にも障害基礎年金が支給されることになった。

4 ── 2012（平成24）年改正

　社会保障と税の一体改革のもと、国は2012（平成24）年に年金に関する4つの法律を成立させた。具体的には現在の年金制度の改善を行うとして以下の点をあげている。①基礎年金国庫負担2分の1の恒久化、②最低保障機能の強化および高所得者の年金給付の見直し、③物価スライド特例分の解消、④産休期間中の社会保険料負担免除、⑤被用者年金一元化である。

　ここでは被用者年金の一元化について取り上げる。国は、被用者年金制度全体の公平性・安定性確保の観点から、共済制度の保険料率や給付内容を厚生年金制度にあわせる方向を基本とし、被用者年金を一元化することとした。2012（平成24）年8月に「被用者年金制度の一元化等を図るための厚生年金法等の一部を改正する法律」（被用者年金一元化法）が成立した。これにより公務員等も厚生年金保険へ加入することになった。

第3節　日本の年金のしくみと給付

　これまでみたように日本の年金は社会保険方式を採用しており、財源は保険料と国庫負担である。年金は長期間にわたり一定の金額を給付する制度であるため、財政の長期的運営、安定が重要である。財政方式として「賦課方式」と「積立方式」がある。賦課方式は、その年に必要な年金給付費をその

年の保険料で賄う方式である。現役世代の保険料は、その年の一人当たりの年金給付水準と年金受給者数のバランスによって決まる。積立方式は、将来の年金支給に必要な財源を積み立てていく方式である。この方式では財政は安定し、急に保険料が上がることはなく、積立金による利子も生じる。ただし、積立方式はインフレに弱く、実質価値が低下することがある。現在の日本の年金制度は、賦課方式をとっている。

1 ── 国民年金のしくみと給付

国民年金は、すべての国民に共通する基礎的な給付を行う制度である。その加入者を次のように定めている。
① 第1号被保険者：日本国内に住所のある20歳以上60歳未満の者であって、②、③以外の者
② 第2号被保険者：被用者年金制度の被保険者
③ 第3号被保険者：第2号被保険者の被扶養配偶者であって、20歳以上60歳未満の者

国民年金から支給される年金給付は、「老齢基礎年金」「障害基礎年金」「遺族基礎年金」の3種類がある。このうち2つ以上の基礎年金の受給資格が生じた場合は、そのうちの1つを選択することとなる。通常は年金額が多い方を選択することとなる。ただし、老齢年金は課税の対象になるが、障害年金、遺族年金は課税対象にならない。

(1) 老齢基礎年金

老齢基礎年金は、被保険者が原則65歳*4に達したときに支給されるものである。ただし、それまでに、保険料が免除された期間を含めて、保険料納付済みの期間が25年以上なければならなかった。この期間を満たすことができないための無年金問題が年金制度の課題として指摘されていたが、社会保障と税の一体改革において、受給資格期間を25年から10年とすることが決定し、2017（平成29）年8月1日から施行されることとなった。

2017（平成29）年4月からの老齢基礎年金の額は年額77万9,300円である。この金額は、20歳から60歳までの40年間のすべての期間について保険料が納付された場合の金額であり、保険料を納めた期間がこれに不足する場合は、不足する年数に応じて、年金額は減額される。

*4
老齢基礎年金は65歳支給開始年齢であるが、希望すれば60歳以上65歳未満の間に繰り上げて受給することができる。この場合、繰り上げ支給の請求をした時点に応じて年金額は減額される。また66歳から繰り下げて受給することもできる。この場合は、年金額は増額される。

(2) 障害基礎年金

障害基礎年金は、被保険者が定められた障害になったときに、支給される

ものである。障害基礎年金の支給要件は次の3点である。①国民年金に加入している間に、障害の原因となった病気・けがについて初めて医師または歯科医師の診療を受けた日があること、②一定の障害状態であること、③初診日の前日において、公的年金の加入期間の3分の2以上の期間保険料が納付または免除されていること、または、初診日において65歳未満であり、初診日のある月の前々月までの1年間に保険料の未納がないこと、である。ただし、20歳前に初診日がある場合は、納付要件はない。

2017（平成29）年4月からの障害基礎年金の金額は、1級年額97万4,125円、2級77万9,300円である。障害基礎年金は、20歳を超えてから支給される。また、障害基礎年金受給者に子どもがいる場合は、その子ども一人につき一定額の加算が行われる。

(3) 遺族基礎年金

遺族基礎年金は、被保険者、被保険者であった者で日本国内に住所を有する60歳以上65歳未満の者、老齢基礎年金受給期間を満たしている者が死亡したときに、遺族に支給される。遺族は死亡した者により生計を維持されていた子のある妻、または子どもである。2017（平成29）年4月の金額は77万9,300円であり、子がいる場合は第1子、第2子各22万4,300円の加算がある。

(4) 国民年金の保険料と免除制度

国民年金の財源は、保険料と国庫負担からなる。国民年金の第1号被保険者の保険料は定額である。被用者が加入する年金保険の保険料が労使で負担することに対して、国民年金保険料は被保険者が全額負担する。第2号被保険者と第3号被保険者は、保険料を被用者年金へ納め、被用者年金制度から基礎年金拠出金として国民年金へ拠出される。

なお、国民年金には保険料免除制度がある。まず、「法定免除」は、障害基礎年金、障害厚生年金（1・2級）を受給することができるとき、公的扶助（生活保護）を受給している者は、届け出をすることで免除される。次に「申請免除」がある。所得が低いなどの理由により保険料の納付が著しく困難なときは、申請し承認を受けた場合は保険料を全額免除される。ただし、免除期間は、その間の年金が3分の1に減額される。2002（平成14）年には半額免除制度、2007（同19）年には多段階免除制度が導入された。

国庫負担は、原則として、基礎年金の給付に要する費用の2分の1について行われる。

(5) 学生の国民年金加入について

　学生は、国民年金に任意加入であったが、1991（平成3）年4月から、20歳以上の学生は第1号被保険者として強制加入となった。理由は、障害保障を確実にするためである。1985（昭和60）年の改正により20歳未満の若者が障害者となった場合、この若者には20歳から障害基礎年金が支給されることになったが、20歳以上の学生は、障害保障の谷間の存在となっていた。現在、スポーツ、交通事故等で学生が障害者となる例は少なくない。そのため、20歳以上の学生の障害保障を確保することとした。学生とは、大学生に限らず、専修学校、専門学校で学ぶ学生で対象は広い。

　しかし学生の保険料負担が問題となる。そこで厚生労働省は、「学生納付特例制度」を設けている。この制度は、所得が少なく保険料を納付することが困難な20歳以上の学生を対象として、申請により保険料の納付が猶予される制度である。

2——厚生年金保険のしくみと給付

　厚生年金保険の強制適用事業所は、常時5人以上の従業員を使用する民間事業所（農林水産業、サービス業等を除く）、法人の事業所、船舶となっている。また事業主の申請による任意適用事業所もある。適用事業所に常時使用される70歳未満の者は、必ず被保険者となる。2015（平成27）年10月からは、被用者年金が一元化し、公務員等も厚生年金保険へ加入することとなった。

　先述の「基礎年金」に上乗せするものとして、「老齢厚生年金」「障害厚生年金」「遺族厚生年金」が支給される。これらの年金は、国民年金の基礎年金の受給資格を満たした場合に支給される。

(1) 老齢厚生年金

　老齢厚生年金は、老齢基礎年金の受給要件を満たしている者で、厚生年金保険の被保険者期間を有している者に65歳から支給される。支給される年金額は標準報酬月額[*5]と加入期間に応じて計算される。70歳未満の者が会社に就職し厚生年金保険に加入した場合、70歳以上の者が厚生年金保険適用事業所に勤務した場合は、老齢厚生年金額と給与や賞与の額に応じて年金額の一部または全部が支給停止となることがあり、これを在職老齢年金という。また、老齢基礎年金の受給要件を満たしている者で、厚生年金保険の被保険者期間が1年以上ある者が60歳以上であるときは64歳まで、特別支給の老齢厚生年金が支給される。

*5　標準報酬月額
　第Ⅲ部3講 p.142参照。

(2) 障害厚生年金

　障害厚生年金は、厚生年金保険の被保険者期間中に初診日のある傷病により生じた障害で、障害基礎年金の受給要件を満たしている（1・2級の障害程度）者に支給される。なお、障害基礎年金に該当しない程度の障害であっても、厚生年金保険の障害等級表に該当する場合は独自の障害厚生年金（3級）または、障害手当金が支給される。受給権を得たときに、その障害者により生計を維持されている配偶者がいる場合は加算が行われる。障害厚生年金の額は1級は老齢厚生年金の報酬比例年金額の1.25倍、2級・3級は当該報酬比例年金額となる。

(3) 遺族厚生年金

　遺族厚生年金は、被保険者が死亡したとき、老齢厚生年金の受給権者が死亡したとき、障害厚生年金（1・2級）の受給権者が死亡したとき、その遺族に支給される。年金額は老齢厚生年金の報酬比例年金額の4分の3が基本である。

(4) 厚生年金保険の財源

　厚生年金保険の財源は、被保険者の保険料と国庫負担からなる。2003（平成15）年から、厚生年金保険の被保険者間の公平性を確保するために総報酬制が導入され、月収（標準報酬）と賞与に所定の保険料率を乗じて得た額となっている。これを労使で2分の1ずつ負担する。

3──年金の受給権

　公的年金を受給する資格（受給権）ができたときは、自分で年金請求を行う必要がある。5年以内に請求しなければ時効により権利が消滅することがある。請求すると、年金裁定が通知されるが、この内容に不服があるときは不服申し立てができる。

公的年金の意義

　日本の公的年金は、国民皆保険の実現によりすべての国民が年金保険でカバーされる体制となっている。
　それでは、公的年金にはどのような意義があるのであろうか。繰り返しになるが、私たちは働き、収入を得て暮らしているが、今日の社会においてこ

のフローの所得の喪失を避けることはできない。老齢、障害、生活を支えていた家計支持者が死亡したとき、長期にわたり、定期的に一定額の現金給付があることで、高齢者・障害者本人と家族、あるいは残された遺族は生活を安定的に送ることができる。定期的にフローの所得を保障する年金の意義は大きい。

【引用文献】
1）島田とみ子著『年金入門（新版）』岩波書店　1995年　p.17
2）前掲書1　p.43

【参考文献】
厚生労働統計協会編『保険と年金の動向2016／2017』厚生労働統計協会　2016年
佐口卓著『社会保障概説（第3版）』光生館　1999年
厚生労働省編『平成23年度厚生労働白書』日経印刷　2011年
厚生労働省：年金・日本年金機構関係
　http://www.mhlw.go.jp/stf/seisakunitsuite/bunya/nenkin/nenkin/index.html（平成29年7月7日閲覧）
日本年金機構：障害基礎年金の受給要件・支給開始時期・計算方法
　http://www.nenkin.go.jp/service/jukyu/shougainenkin/jukyu-yoken/20150514.html（平成29年7月7日閲覧）
厚生労働省：新たに年金を受けとれる方が増えます（受給資格期間25年→10年）
　http://www.mhlw.go.jp/stf/seisakunitsuite/bunya/0000143356.html（平成29年7月7日閲覧）
日本年金機構：年金の繰上げ・繰下げ受給
　http://www.nenkin.go.jp/service/jukyu/roureinenkin/kuriage-kurisage/index.html（平成29年7月7日閲覧）

▶第5講　所得保障の諸制度　公的扶助

▶はじめに

　本講では所得保障の制度として公的扶助を学ぶ。①社会保障での公的扶助の役割、②生活保護制度が保障する最低生活費保障の実際、③日本の生活保護の特徴と意義について学ぶ。
　現在の日本の公的扶助の主要な制度は生活保護制度である。一定の所得を要件として公費から給付を行う「児童手当」、「特別児童手当」、国民年金法による「老齢福祉年金」を公的扶助に含めるとする考えもあるが、本講では第Ⅲ部2講で述べたように「社会手当」とする。

第1節　社会保障での公的扶助の役割

1──公的扶助の概念

　公的扶助は、国が「国民的最低限度」(ナショナル・ミニマム) の生活を国民に保障する制度である。つまり、自分の力だけでは一定レベルの生活を営むことができない困窮した状態にある国民を広く対象として、国家責任に基づき国民的最低限度を権利として保障する制度である。このように社会保障制度のなかに不可欠な制度として位置づけられている。
　公的救済制度はイギリスの救貧法[*1]や、日本の恤救規則[*2]など古くからあった。しかし、「劣等処遇の原則」[*3]に示されるように、公的救済を受ける者は社会的落伍者という烙印をおされ、恥辱を受けて当然と考えられていた。つまり人間としての尊厳は否定されてきたのである。
　今日の公的扶助は救済ではなく社会保障の一環であり、社会保障の主要な柱である。何らかの理由により生活困窮に陥った個々の人々の生活をナショナル・ミニマムまで引き上げる目的を第一に果たしている。生活困窮者からみれば自分の生活水準がナショナル・ミニマムまで引き上げられることであり、社会全体からみればすべての人々の生活水準がナショナル・ミニマムまで引き上げられることを意味している。つまり、社会の「底上げ」をする制度である。

*1　救貧法
　第Ⅰ部3講p.28参照。

*2　恤救規則
　第Ⅱ部1講p.58参照。

*3　劣等処遇の原則
　第Ⅰ部3講p.30参照。

2——日本の公的扶助の範囲と総合性

　公的扶助は、ナショナル・ミニマムに相当する所得を保障する制度と一般的に理解されている。所得保障、つまり金銭給付により施設ではなく「居宅」（在宅）での生活が継続できることの意義は大きい。しかし、日本の生活保護は第Ⅱ部１講で学んだように多種類の扶助からなっている。現在の生活保護法では、生活費である「生活扶助」だけではなく、「医療扶助」、「介護扶助」「住宅扶助」「教育扶助」「生業扶助」「出産扶助」「葬祭扶助」の８つの扶助がある。またその方法も生活扶助、住宅扶助、教育扶助などは現金給付であるが、医療扶助と介護扶助は医療サービス、介護サービスを給付する現物給付の形をとっている。

　このように生活保護が所得保障に一元化せず、総合性を有しているのが日本の特徴である。第二次世界大戦後、現在の生活保護法が成立した当時は、他の社会保障制度、特に社会保険が未整備であったことによると考えられる。当時は生活保護が社会保険の「補完」的役割を果たすのではなく、社会保険を始めとする他の社会保障制度の「代替」をしており、種々の生活事故[*4]に対応せざるを得なかったので、多くの扶助をもつことになった。

＊４　生活事故
第Ⅰ部２講p.23参照。

　1960年代に入り医療保険、年金保険などの社会保険が整備されたが、扶助の種類は減少しなかった。1997（平成９）年に介護保険法が成立した際には、これに先立って生活保護に「介護扶助」が創設された。これは、社会保険ではカバーできない低所得階層の存在を示している。

第2節　最低生活費算定方式の推移と実際

1——最低生活費としての生活保護基準の意義

　第Ⅱ部１講で学んだように「現物給付」である医療扶助と介護扶助以外の扶助は「現金給付」であり、それぞれ金額が定められている。これが「生活保護基準」である。生活保護基準は、厚生労働大臣が定めることになっている。

　生活保護基準は、日本国憲法第25条の「健康で文化的な」水準を公的に、具体的に表すものとして設定されている。つまりそれはナショナル・ミニマムを意味している。個々の世帯について、保護の程度（給付すべき金額）をはかる尺度である面と、国が国民に保障する生活水準（ナショナル・ミニマム）という二重の面をもっている。ナショナル・ミニマムが具体的な貨幣額

として定められている意義は大きい。

　生活保護基準は、ともすれば生活保護受給者のための生活水準と考えられがちであるが、正しくはナショナル・ミニマム（国民的最低限度）、つまり「すべての国民のこれ以下があってはいけない」生活水準である。この点の理解は重要である。

2──最低生活費（保護基準）の算定方法

　生活保護基準はナショナル・ミニマムという性格から、生活保護基準の算定方式には客観的な妥当性が求められる。そこで、1948（昭和23）年から生活保護基準の算定方法としてマーケット・バスケット方式がとられた。その後、1961（同36）年からエンゲル方式、1965（同40）年から格差縮小方式、1984（同59）年から水準均衡方式に改められ、現在にいたっている。

(1)　マーケット・バスケット方式（1948〔昭和23〕年第8次改定以降）

　マーケット・バスケットとは買い物かごを意味している。最低生活を営むために生活に必要なモノ（財貨）を一つ一つ買い物かごに入れ、合計すると最低生活費が計算される。19世紀末にイギリスのヨーク市においてこの方法で最低生活費を計算したのがラウントリーである。ここからラウントリー方式とも呼ばれる。また、物資の量を積み上げて計算することから全物量積み上げ方式とも呼ばれる。

　1948（昭和23）年当時の生活保護受給世帯の実情から、「標準5人世帯（無業母子世帯〔64歳男、35歳女、9歳男、5歳女、1歳男〕）」を想定した。飲食費については、国立栄養研究所のデータをもとに5人それぞれの栄養要求量を算定し、主食・副食を算定した。当時は経済安定本部による配給、物価統制が行われており、配給量と統制価格と自由価格で算定した。その他、住居費、被服費、光熱費、保健衛生費、雑費が算定された。

　マーケット・バスケット方式は長い伝統もあり、個別的な生活内容を具体的に表すという長所をもっている。しかし、飲食費は栄養学の発達により比較的容易に算定できるが、他の費目は、何を最低生活に必要な費目とするかの指標が難しく、作業が複雑で時代とともに変化する消費構造の反映が容易ではないという特徴もある。

　結果として、生活保護基準は物価、賃金の上昇に遅れ、一般の生活水準との格差が大きくなってしまった。一般の生活水準を100とすると、生活保護受給世帯の生活水準は1952（昭和27）年度では54.8％、1960（同35）年度には38.0％となってしまった。

(2) エンゲル方式（1961〔昭和36〕年4月第17次改定以降）

　一般の生活水準との格差を是正するために1961（昭和36）年の第17次改定で採用されたのがエンゲル方式である。エンゲル方式とは、最低生活費を示す適当な指標として栄養学的に算定した飲食物費を選び、この指標に合致する世帯を実態調査から探し出し、その世帯の生活費を最低生活費とする方法である。飲食物費は物量積み上げ方式を用い、それ以外は実態調査から算定することから「半物量積み上げ方式」ともいう。

　エンゲル方式は、算定のための標準世帯を4人世帯（35歳男、30歳女、9歳男、4歳女の軽作業屋外労働者）とし、1日平均1人1,885キロカロリーを満たす飲食物費を8,029円72銭とした。この飲食物費を実際に支出している世帯のエンゲル係数を総務庁（当時）家計調査による東京都、有業者1人を含む4人世帯から算出したところ、エンゲル係数は57.97960で、全消費支出は13,849円となった。これにより生活保護基準は、前年比18.0％の大幅増額となった。

　しかし、栄養を満たす飲食物費を基準とするエンゲル方式では一般世帯の消費水準との格差が縮小しなくなった。1960年代の日本は高度経済成長期に入り、国民の食生活は急速に豊かになり、欧米化していったためである。その結果、一般世帯消費水準を100とすると、生活保護世帯消費水準は1961（昭和36）年度が41.5％、1962（同37）年度が44.5％、1963（同38）年度が44.3％で推移した。そこでこの格差を縮小するために生活保護基準を引き上げようとする考え方がでてきた。

(3) 格差縮小方式（1965〔昭和40〕年4月第21次改定以降）

　1961（昭和36）年「厚生行政長期計画基本構想」では生活保護基準を製造業平均賃金の63％へ引き上げることを目標とした。また、1962（同37）年の「社会保障制度審議会勧告」では生活保護基準を10年間で3倍にすべきとする勧告を発表した。さらに、1964（同39）年「中央社会福祉審議会」の生活保護専門分科会では、一般国民との格差縮小を図るべきという中間報告を行った。

　これを受けて、厚生省（当時）は、一般の消費水準との格差縮小を目標として生活保護基準を決定するようになった。この方式を格差縮小方式という。格差縮小方式は、経済企画庁が発表する個人消費支出を一般消費水準の伸び率とみなし、生活保護基準の伸び率を少なくともこれ以上にするものである。これにより、その差だけ一般消費水準との格差を縮小させることをねらっていた。

　格差縮小方式により一般消費水準との格差は、1964（昭和39）年度に

47.1％、1968（同43）年度に52.3％、1970（同45）年度に54.6％となり、1983（同58）年度には66.4％まで縮小した。

(4) 水準均衡方式（1984〔昭和59〕年4月第40次改定以降）

1983（昭和58）年の「中央社会福祉審議会」では厚生大臣（当時）に対して「生活扶助基準及び加算のあり方について」とする意見書を提出した。総務庁家計調査を分析した結果、現行の生活扶助基準額は一般消費水準と比べてほぼ妥当な水準に達していると所見を発表した。

厚生省（当時）は、この所見に従い、1984（昭和59）年以降は生活保護基準算定方式を現行の水準均衡方式に変更した。水準均衡方式は、政府経済見通しにおける当該年度の民間最終消費支出の伸び率を基礎として、前年度までの一般国民の消費水準との調整を行い、改定率を決定する方式である。

その後一般世帯の消費水準との格差は、1984（昭和59）年度は67.1％、1990（平成2）年度は68.8％、1995（同7）年度は68.2％、2000（同12）年度は69.3％と、ほぼ一定の格差で推移している。

3── 生活保護基準引き下げ

2013（平成25）年5月16日、厚生労働省社会援護局は、各都道府県知事・各指定都市市長・各中核市市長あてに「生活保護法による保護の基準の一部改正について」とする通知を出し、同年8月1日から適用することとした。生活保護基準の一部改正とは、生活扶助基準を3年かけて段階的に1割引き下げることとされている。これにより、2012（同24）年4月時点の標準3人世帯（33歳男、29歳女、4歳子）の生活扶助基準額は162,170円（1級地の1 [*5]）であったが、2017（同29）年4月時点では158,380円（1級地の1）となった。さらに、2015（同27）年8月からは住宅扶助も引き下げられた。

生活保護基準は生活保護受給者の生活水準を規定するだけではなく、他の施策の目安ともなっており、最低賃金、就学援助、生活福祉資金、介護保険料や他の保険料の減免、課税基準等へ影響すると考えられている。つまり、私たちのナショナル・ミニマムの引き下げを意味していることを十分に理解しなければならない。

*5 級地
　生活保護基準の設定において、全国を3つの級地に区分し、物価や地価を考慮するための概念。実際は1つの級地をさらに2区分しており、全国を6区分している。

朝日訴訟

結核療養のために国立岡山結核療養所に入院していた朝日茂氏は、入院患者に対する日用品費600円は生存権を保障する「健康で文化的な最低限度」のレベルとはいえないとして「不服申立て」をし、1956（昭和31）年に訴訟を起こした。生活保護基準を不服とするこの訴訟を「朝日訴訟」という。

この時期、社会保障の中心は生活保護であった。訴訟の背景として、生活保護基準は低い水準に据え置かれており、平均勤労者世帯の3分の1であった。生活保護行政においては、第一次適正化政策がとられており、国は社会保障費を初めとする国民生活に関する予算をすべて削減した。その背景にあるのが、朝鮮戦争を契機とする日本の再軍備化である。

1960（昭和35）年、東京地方裁判所における朝日氏の主張を認めた浅沼判決がでた。最低生活費研究に照らし、補食その他の必要からして生活保護基準が生存権を保障するものになっていないとする、国の生存権保障に対する解釈を示したものだった。浅沼判決の影響を受けて、生活保護基準は10％を超える改訂が行われた。

 ## 日本の生活保護の特徴と意義

1──日本の生活保護の特徴

社会保障制度の主要な柱である生活保護の特徴として次の2点をあげることができる。

第1は、社会保障のなかでの総合性である。すでに述べたように日本の社会保障が成立する過程において、他の社会保障制度、特に社会保険の代替を果たしてきており、所得保障に一元化せず、現金給付と現物給付の形をとり、8種類の扶助からなることで、国民の生活を総合的に支えている。

第2は、生活保護の「捕捉率」[*6]が低いことである。生活保護は、国が定める生活保護基準にその世帯の収入が満たないとき、収入額と保護基準の差額を受給できる制度である。保護を申請する権利（保護申請権）は「無差別平等」の原則のもとすべての国民が有している。しかし、実際は保護を必要とするすべての国民が生活保護を受給できない現実がある。社会保障における主要な制度である公的扶助として、生活保護は成熟していないことが指摘されている。

[*6] 実際に公的扶助を受給している受給者（世帯主）数を、受給資格のある貧困者（世帯主）数で除して算出する。公的扶助が漏給者を生むことがないように、適正に運用されているかどうかを明らかにする数値である。

2——生活保護の意義

　ナショナル・ミニマムの実現は生活保護だけによるのではない。社会保障の他の制度とともに保障するしくみになっている。このしくみは「補足性」「補充性」と表現され、一般的諸制度が対応し得ない人々や問題に対して、生活保護は対応する。

　例としてリーマンショック後の「派遣切り」を取り上げる。これは、派遣労働者として就労していた労働者を雇用主が景気悪化を理由に一方的に契約期間中に契約を打ち切ることである。これにより多くの派遣労働者が仕事と同時に住まいも失ったのである。明らかに失業であるが、派遣労働者の大半は雇用保険による失業給付を受給する要件を満たしておらず、給付対象外となった。これに対して、生活保護は現に困窮していることを確認して、生活保護を開始した。生活保護受給により元派遣労働者は一定の生活水準を保つことができ、通常の生活を取り戻す条件を得たのである。いうまでもなく死を免れることもできた。貧困に陥る者をつくり出している社会のなかで、生活保護の意義は大変重要である。

【参考文献】
川上昌子編『新版　公的扶助論』光生館　2007年
佐口卓・土田武史『社会保障概説　第6版』光生館　2009年
社会保障・社会福祉大事典刊行委員会『社会保障・社会福祉大事典』旬報社　2004年
『生活保護手帳　2015年度版』中央法規出版　2015年
生活保護研究会編『保護のてびき（平成28年度版）』第一法規　2016年
朝日訴訟運動史編纂委員会編『朝日訴訟運動史』草土文化社　1982年
雀部猛利「最低生活費と生活保護基準の算定について」『神戸女学院大学論集』（第8巻第2号）　1961年

第6講 医療保障の諸制度 医療保険制度の沿革と医療保障改革

▶はじめに

医療保障は所得保障とともに社会保障の中心的な内容である。本講では、①日本の医療保障の沿革、②1980年代からの医療保障改革について学び、③社会保障によりすべての国民に医療を保障する意義を理解する。

第1節 医療保険制度の沿革

1──戦前の医療保障──明治期から第二次世界大戦直後まで──

　明治時代は「自由開業医制度」による私費診療が中心であった。1874（明治7）年の「恤救規則」＊1、翌年の「悪病流行ノ節貧民ノ者処分概則」により生活困窮者を対象とする限定的な救貧医療がなされていた。

＊1　恤救規則
第Ⅱ部1講p.58参照。

　日本で最初の医療保険は1922（大正11）年成立、1927（昭和2）年施行の「健康保険法」である。背景には第一次世界大戦をはさんで日本経済が急成長を遂げ労働者人口が増加し、労働問題が社会的な問題となったために、労働者の社会的不安を治めるために制定されたとされている。この健康保険法の適用対象は、鉱業法および工場法の適用を受ける工業に働く労働者に限定され、年間120日以上雇用される者が条件であったため、中小零細工場で働く労働者や臨時工の多くが除外された。給付内容には業務上の傷病も含み、給付期間は、180日までとなっており、保障内容は不十分であった。

　その後、第二次世界大戦下の1938（昭和13）年には「国民健康保険法」が制定された。これにより職域だけではなく一般国民、特に農民が加入する医療保険ができた。翌年には一般俸給生活者のための「職員健康保険法」「船員保険法」が制定された。1942（同17）年に、健康保険と職員健康保険を健康保険に統合し、職員健康保険は廃止された。この時期に国民健康保険等が制定された背景には、健康な兵力と労働力を確保する戦時政策があった。

　第二次世界大戦後は、これらの医療保険制度は、医療費の高騰、医薬品・衛生材料の不足などにより機能不全状態となった。

2──国民皆保険・皆年金体制の発足

1950年代後半からの高度経済成長期になるとようやく医療保険の基盤整備が行われたが、国民の半数以上が医療保険制度の適用外にあった。こうした問題を改善するために国民皆保険・皆年金政策がとられた。

1958（昭和33）年に国民健康保険法が全面改正され、すべての市町村で国民健康保険を運営し、他の医療保険に加入していない者は全員国民健康保険に加入することを義務づけた（1961〔同36〕年完全実施）。こうして、すべての国民が何らかの医療保険に加入する国民皆保険体制が実現した。国民健康保険には農林漁業従事者、自営業者、零細企業の被用者、臨時労働者、パートタイマーが加入した。当初の国民健康保険の給付率は50％と健康保険に比べて低い給付であった。

国民皆保険体制の背景には、大きく2つの要因がある。第1は、先述したように国民の半数以上が医療保険制度の適用外にあり、これらの人々が医療を受ける場合は、全額自己負担しなければならず、医療を受けることが困難な状況があった。これは医療扶助を増加させる一因ともなっていた。第2は、高度経済成長を遂行するためには健康な労働力の安定的供給が必要であった。

すべての国民を医療保険の網にかける皆保険体制を実現したことには意義があったが、既存の医療保険制度をそのままにしていたため、国民健康保険は、相対的に経済力の弱い自営業層、農林漁業従事者、零細企業労働者を対象とし、保険給付内容の制度間格差をそのまま抱えることとなった。

3──医療保険制度の拡充期

1960年代から1970年代は、国庫負担を導入して、医療保険の財政的問題点の是正、老人医療費支給制度（老人医療費無料化）、健康保険法の改正など、医療保険制度の拡充が行われた。

国民皆保険によりすべての国民が医療保険に加入することで、一定の自己負担で医療を受けることができるようになった。しかし、多くの高齢者は経済的理由から受診を控えており、受診率は向上しなかった。岩手県沢内村、東京都や京都府などの革新自治体は、住民の要請に応えて、医療保険の自己負担分を自治体が負担するという方法で高齢者の医療費を無料にした。

これに追随する形で、国は1972（昭和47）年に老人福祉法を改正し、70歳以上（寝たきり等の場合は65歳以上）の自己負担分を公費で賄い、医療費を無料にすることにした。いわゆる老人医療費支給制度である。財源は、国3

分の2、都道府県および市町村は各6分の1を負担した。

一般被用者が加入する健康保険法は、家族給付率を50％から70％に引き上げて家族の負担分を減らす、高額療養費制度の創設、政府管掌健康保険制度（現：全国健康保険協会管掌健康保険〔協会けんぽ〕）の赤字対策などに取り組んだ。

以上のように、医療保険制度は制度的整備を積み重ねてきた。国家の財政問題、医療保険制度の財政問題、人口の高齢化、疾病構造の変化、医療の高度化等により医療保険の改革が行われてきている。

第2節 医療保障改革

国民皆保険体制によりすべての国民が医療保険により医療を受けることができるようになったことの意義は大きいが、戦前からの歴史的経過もあり制度が分立し、給付内容も異なるという課題を有している。また、医療保険財政の赤字問題は容易に解決できないでいた。1970年代後半になると人口の高齢化、医療技術の進歩が重なり赤字問題はさらに深刻となった。

1980年代後半の老人保健制度と退職者医療制度は、60歳以上人口が国民健康保険に集中することによる制度間の医療費のアンバランスを是正するための改革である。これにより日本の医療保障体系に財政調整メカニズムが導入されることになった。

1990年代に入ると、人口の高齢化に加えて日本経済の状況の悪化も加わり、軒並み医療保険の財政状況が悪化するようになった。医療費を抑制するための抜本的改革が必要とされたが、実際は患者負担分の引き上げで当面の財政危機を乗り切る対策がとられた。

1──老人保健法の制定

1970年代のオイルショックを契機として日本は低経済成長の時代になった。国家財政は危機に陥り、国民健康保険の給付費の3分の2を占めていた国庫負担を削減することが大きな課題となった。そこで行われたのが、1982（昭和57）年に成立し、翌年施行された老人保健法に基づく老人保健制度の創設と1984（同59）年の健康保険法改正であった。

老人保健法は70歳以上の者（政令に定める程度の障害の状態にある者は65歳以上）への医療等と40歳以上の者を対象とする保健事業が定められている。老人保健制度にはいくつかの特徴があった。

第1は、医療保険制度の間で、老人医療費を共同で負担するしくみをとった。老人の加入者が多い国民健康保険制度を他の医療保険制度が財政的に援助するしくみができ、これにより国庫負担は従来の3分の2から半分に引き下げられた。

第2は、治療と並び疾病予防や機能訓練の事業が取り入れられた。

第3は、老人医療費の診療報酬を別枠でつくり、薬や検査をまとめて支払う包括払いが導入された。

第4は、老人の医療費の一部負担を導入したことである。これにより日本の社会保障による高齢者医療費の無料化は終わった。

第5は、他の医療保険制度にない新しい給付を設けた。例として老人保健施設創設、訪問看護サービスである。介護保険法施行後はこれらの給付は介護保険法へ移行した。2008（平成20）年、老人保健法は「高齢者の医療の確保に関する法律」へと全面的に改正され、後期高齢者医療制度が創設された。

2——健康保険法の改正

健康保険の被保険者本人の給付率は、若干の変更はあったが10割給付を維持してきた。1994（平成6）年の改正で8割に引き下げられた。さらに、2002（同14）年の改正で、翌年より7割給付に引き下げられ、家族の入院医療費の給付率も8割から7割に引き下げられた。

これにより、年齢・所得による違いがあるものの、すべての医療保険制度で給付水準は統一された。

さらに、1984（昭和59）年からは特定療養費制度[*2]が導入され、保険外診療との併用が認められた。1994（平成6）年の改正で入院時の食事代金を患者が負担するようになった（入院時食事療養費）[*3]。2003（同15）年4月よりこれまでの月給を中心とする保険料賦課方式から、ボーナスを含む総報酬を対象とする保険料賦課方式に変更された。

*2　特定療養費は2006（平成18）年に廃止され、保険外併用療養費制度が新設された。

*3　入院時食事療養費
　第Ⅲ部7講 p.170参照。

3——国民健康保険の改革

国民健康保険の改革として次の3点を取り上げる。

第1は、1980年代の国家財政悪化を受けての国民健康保険への国庫補助の削減である。これにより国民健康保険の財政状況は悪化し、各市町村では国民健康保険の保険料が引き上げられた。これにより保険料滞納者の増大となった。

第2は、国民健康保険のなかに退職者医療制度を創設したことである。被

用者が退職すると国民健康保険に加入することになるが、これにより国民健康保険財政を圧迫する。そこで、各医療保険者間で退職者の医療への拠出金を負担することとした。なお、退職者医療制度は後期高齢者医療制度創設により一部経過措置を残して廃止された。

第3は、2000年代に入り市町村国民健康保険の広域化を支援する基金創設、高額医療費共同事業の拡充・制度化などの国民健康保険財政の基盤強化策がとられていることである。市町村国民健康保険のなかには加入者の高齢化、無職者や低所得者の増加にともない財政基盤がぜい弱な保険者が少なくない。そこで、財政基盤強化策がとられてきたが、2015（平成27）年より恒久化となった。

4 ── 2006（平成18）年医療保険制度改革

2006（平成18）年の国会で医療制度改革関連法が成立した。その主要な内容は、医療費適正化の総合的推進、新たな高齢者医療制度の創設である。

医療費適正化の総合的推進の主な内容は、①国および都道府県が生活習慣病・長期入院の是正などの計画を策定すること、②保険者（事業者など）に対して糖尿病などの予防に着目した健診を義務づけること、③療養病床に入院する高齢者の食費・居住費の見直し、④70歳から74歳までの高齢者の患者負担を1割から2割にすることの4点である。

ついで、新たな高齢者医療制度の創設として、従来の老人保健法を全面的に改正して75歳以上の高齢者を対象とする後期高齢者医療制度が2008（平成20）年に創設された。

5 ── 社会保障と税の一体改革

2017（平成29）年現在「社会保障と税の一体改革」*4 が進行している。第3項に示したように医療保障については国民健康保険制度の安定的な運営を確保するための財政支援強化が措置された。以上のように、一連の医療保障改革は現在すすめられているが、すべての国民に医療を保障する、保障する医療の質を担保する点から検証が必要である。

*4 社会保障と税の一体改革
第Ⅰ部7講p.55参照。

第3節 医療保障の意義

社会保障による医療保障にはどのような意義があるのであろうか。

まず考えるのは貧困と疾病の関係である。疾病により働くことができなくなり、生活困窮に陥る人々の存在は諸研究により明らかにされてきた。第Ⅱ部１講でみたように、日本の生活保護開始理由の動向をみても世帯主・世帯員の傷病によるものが多い。これは傷病により十分働くことができなくなり、仕事を失い稼働収入を失うことに加えて、医療費や薬剤の代金、通院費用、療養のための生活費など余分の支出も必要になることを意味している。

　また、本書で繰り返し述べているように私たちは働いて収入を得て暮らしている。心身は労働力の容器であり、健康であることは労働力である個々人にとっても、企業や社会にとっても重要な関心事となる。医療保障により必要なときに誰でも医療を受けることができ、一定の健康状態を維持できることは大きな意義があるといえる。

【参考文献】
厚生労働統計協会編『保険と年金の動向2016／2017』厚生労働統計協会　2016年
江口英一編『改訂新版　生活分析から福祉へ』光生館　1998年
佐口卓・土田武『社会保障概説（第６版）』光生館　2009年
一円光彌編『社会保障論概説』誠信書房　2009年
柴崎次男編、小川栄二・松島京共編『21世紀に語りつぐ社会保障運動—若い世代に心をこめて贈る』あけび書房　2006年
唐鎌直義『脱貧困の社会保障』旬報社　2012年

▶第7講 医療保障の諸制度
医療保障のしくみと国民医療費

> ▶はじめに
>
> 日本の医療保障は、社会保険による医療保険が中心である。すべての国民を医療保険でカバーする「国民皆保険」体制となっている。本講では、①医療保険制度のしくみ、②国民医療費、③医療保障の特徴について学ぶ。

第1節 日本の医療保障の制度

日本の医療保障は、国民皆保険体制となっている。誰でも、どこでも医療保険による医療を平等に受けることができる。

図Ⅲ-7-1 我が国の医療制度の概要

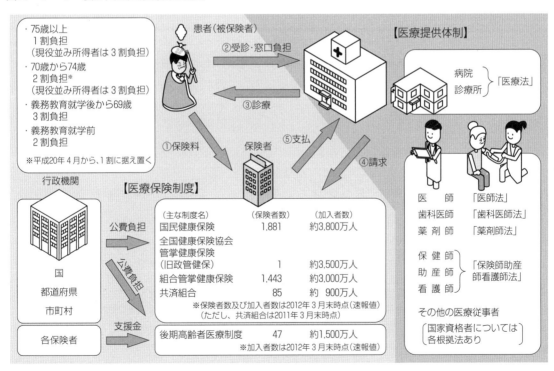

出典：厚生労働省「我が国の医療保険について」
　　　http://www.mhlw.go.jp/stf/seisakunitsuite/bunya/kenkou_iryou/iryouhoken/iryouhoken01/index.html（平成29年7月10日閲覧）

図Ⅲ－7－1に示すように、国民は被保険者として何らかの医療保険制度に加入し、保険料を納付している。これにより「医療保険証」を指定医療機関に提示することで、医療を受けることができる。医療保険制度は、健康保険、国民健康保険などの職業別制度、75歳以上の高齢者が加入する後期高齢者医療制度に大別される。

第2節　医療保険制度のしくみと内容

　国民皆保険体制下で、すべての国民は何らかの医療保険制度に加入している。加入する医療保険は、原則として職業により定められている。一般被用者が加入する「健康保険」、国家公務員等が加入する「共済組合」、船員が加入する「船員保険」、他の医療保険に加入していない自営業、非正規雇用者、無職の者が加入する「国民健康保険」がある。健康保険などを「職域保険」、国民健康保険を「地域保険」と称することもある。2008（平成20）年からはこれらに75歳以上の者が加入する「後期高齢者医療制度」が加わった。

1── 医療保険のしくみ

　医療保険の基本的なしくみは図Ⅲ－7－2のようである。各保険者が被保険者から保険料を徴収し、それをプールして保険給付の財源としている。
　医療費の給付は、保険医療機関（医療保険に指定された医療機関）で診察

図Ⅲ－7－2　保険診療の概念図

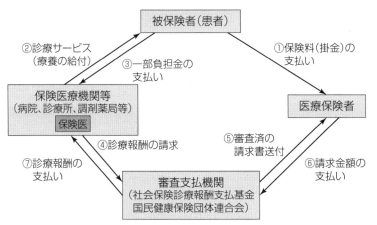

出典：厚生労働省「我が国の医療保険について」
　　　http://www.mhlw.go.jp/stf/seisakunitsuite/bunya/kenkou_iryou/
　　　iryouhoken/iryouhoken01/index.html（平成29年7月10日閲覧）

を受け、窓口で一部負担金を支払う。保険医療機関は、実施した医療行為ごとに報酬を「診療報酬点数表」に従って計算し、審査支払機関（社会保険診療報酬支払基金・国民健康保険団体連合会）に請求する。これが医療機関の主な収入となる。この診療報酬点数表は、中央社会保険医療協議会が答申を行い、厚生労働大臣が決定し、告示する。

傷病手当金、出産育児一時金等の現金給付は、被保険者が保険者に請求する。

2──健康保険とその給付

(1) 健康保険のしくみ（保険者と被保険者）

健康保険法は被用者医療保険制度の中心である。健康保険は、被保険者とその被扶養家族に対して、業務災害以外の疾病または負傷、出産、死亡に対して医療給付や現金給付を行う。

健康保険は常時5人以上の従業員を使用する事業所（工場、商店、事務所など）を強制適用事業所とし、これらの事業所で使用される者（後期高齢者医療の被保険者を除く）を強制被保険者としている。また、上記事業所のほかに法人の事業所で常時従業員を使用するものも適用事業所としている。したがって、強制適用事業所に就職した者は、就職した日から被保険者となり、退職の翌日から資格を喪失することになる。ただし、継続して2か月以上被保険者であった者が退職等で資格を失った後に、引き続き2年間その保険者の被保険者となることができる。これを任意継続被保険者制度という。

健康保険の保険者は、健康保険組合と全国健康保険協会である。健康保険組合は従業員700人以上（同種・同業の事業所を集めての場合は3,000人）であればつくることができ、その組合の被保険者の健康保険を管掌する（組合管掌）。また、2008（平成20）年9月までは、政府が組合管掌以外の被保険者の健康保険を管掌していたが、同年10月からは全国健康保険協会の運営となった（協会けんぽ）。

健康保険の財源は保険料と国庫負担から成り立っている。保険料の額は、標準報酬月額と標準賞与額に保険料率をかけて算出した額を保険者2分の1、被保険者2分の1（労使折半）で毎月支払う。

(2) 健康保険の給付内容

健康保険の給付内容には療養の給付、訪問看護療養費等の医療給付と傷病手当金等の現金給付がある。また、法定給付[*1]に加えて付加給付[*2]を行うことができる。

*1　法定給付
　健康保険法等に種類と要件が定められた給付であり、現物給付と現金給付に区分される。

*2　付加給付
　健康保険組合などが独自の規約により、法定給付に加えて任意で行う給付。

・医療給付（現物給付）
療養の給付
　療養の給付とは医療サービスが現物給付されることであり、その範囲は厚生労働大臣が定めた範囲に限られている。給付として、「診察」「薬剤や治療材料の支給」「処置」「手術その他の治療」「居宅における療養上の管理とその療養に伴う世話その他の看護」「病院や診療所への入院とその療養に伴う世話その他の看護」が行われ、これらは期限の制限がない。なお、健康診断、正常な分娩は対象外となっている。

入院時食事療養費
　入院中の食事代金として被保険者が負担する食事療養標準負担額を控除した額を入院時食事療養費として現物給付するものである。被保険者の負担が増えることから、低所得者には減額されるようになっている。

入院時生活療養費
　療養病床に入院する65歳以上の者が生活療養（食事、温度、照明、給水など療養環境の形成である療養）を受けたとき、被保険者が負担する生活療養標準負担額を控除した額を現物給付するものである。低所得者には減額されるようになっている。

訪問看護療養費[*3]
　難病患者や重度障害者など居宅において継続して療養を受ける状態にあり、かつ、その病状が安定またはこれに準ずる状態にある場合、看護師、保健師、理学療法士などが療養上の世話その他必要な診療の補助を行う訪問看護事業所（訪問看護ステーション）から、指定訪問看護を受けた場合は、訪問看護療養費が現物給付される。

保険外併用療養費
　被保険者が病院、診療所、薬局で「選定療養」[*4]または、「評価療養」[*5]または「患者申出療養」[*6]を受けたとき、その療養に要した費用について保険外併用療養費が支給される。

・現金給付
療養費
　保険者が療養の給付、保険外併用療養費、入院時食事療養費の支給を行うことが困難であると認めた場合、または、保険医療機関以外の医療機関で診療を受けた場合であって保険者がやむを得ないと認めた場合は、療養の給付に代えて、療養に要した費用を支給できる。

高額療養費
　被保険者の窓口での支払額が高額になった場合、かかった医療費から自己負担限度額を差し引いたものであり、年齢や所得により負担上限額が定

*3
「訪問看護療養費」「出産育児一時金」「移送費」「埋葬料」の被扶養者への給付については、健康保険法で「家族訪問看護療養費」「家族出産育児一時金」「家族移送費」「家族埋葬料」の名称で規定されている。

*4　選定療養
　差額ベッド等被保険者の選択によるもので保険導入を前提としない医療。

*5　評価療養
　先進医療、医薬品の治験にかかる医療等、将来的に保険給付の対象とすべきか評価を行うことが必要な医療。

*6　患者申出療養
　被保険者からの申出により、国内未承認の医薬品を使用する医療。

められている。ただし差額ベッド等は適用外である。なお、医療費の支払いが困難な場合は、無利子の「高額医療費貸付制度」を利用することができる場合もある。また、支払額が高額になることが予測される場合は、事前に保険者に「限度額適用認定証」を申請し、それを医療機関に提示することで、支払額が限度額までとなる。

高額介護合算療養費

　1年間の被保険者負担と介護保険の自己負担額の合計が高額になったとき、その負担額の上限を設けており、負担額を超えた場合、払い戻される制度である。後期高齢者医療制度において新設された。

出産育児一時金[*3]

　被保険者・被扶養者が出産した場合、一児につき42万円が支給される。

出産手当金

　被保険者が出産のために会社を休み、報酬を受けられなかった場合に支給される。受けられる期間は、出産の日以前42日から出産の日の翌日以降56日までの間で、仕事をしなかった期間である。

移送費[*3]

　被保険者が療養の給付を受けるために病院や診療所に移送された場合に現金で支給される。

埋葬料[*3]

　被保険者が死亡した場合、その被保険者によって生計を維持していた者で埋葬を行う者に支給される。

　現金給付はそのほかに傷病手当金[*7]がある。

[*7] 傷病手当金
第Ⅲ部3講 p.141参照。

(3) 受診時の自己負担

　健康保険の療養の給付においてはかかった医療費について自己負担を医療機関の窓口で支払わなければならない。2017（平成29）年時点の自己負担額は原則として被保険者・被扶養家族とも3割である。ただし、義務教育就学前は2割、70歳以上75歳未満は2割[*8]（ただし、現役並み所得者は3割）である。

　自己負担額が多くなる場合は「高額療養費」制度、「高額介護合算療養費」制度が活用できる。

[*8] 2014（平成26）年3月末までに既に70歳に達している者は1割負担である。

3 ── 国民健康保険とその給付

(1) 国民健康保険のしくみ（保険者と被保険者）

　国民健康保険の被保険者は、市町村（または特別区）の区域内に住所を有

する者で、他の公的な医療保険に加入していない者とされている。具体的には、自営業、健康保険適用とならない零細規模な事業所の従業員、非正規雇用労働者、無職者などである。日本に居住する外国人も被保険者になることができるが、短期滞在者は除かれる。

国民健康保険の保険者は市町村または国民健康保険組合[*9]である。現在、国民健康保険料は多くの市町村において国民健康保険税として取り扱っている。課税方式として世帯の所得に応じた所得割、資産に応じた資産割、被保険者数に応じた被保険者均等割、世帯ごとの世帯別平均割の方式があり、各市町村でこれらを組み合わせて保険料を定めている。

国民健康保険の財源は、保険料、国庫負担、国や都道府県からの調整金からなるが、大半は保険料と国庫負担である。健康保険に比べて国庫負担の割合が高い。

[*9] 国民健康保険組合
医師、歯科医師、土木建設業などの同業者が300人以上で組織し、都道府県知事の許可を得て組合員と家族への保険事業を行う。

(2) 国民健康保険の被保険者の実際

厚生労働省「平成27年度国民健康保険実態調査」によれば、国民健康保険被保険者数は3,549万8,000人、被保険者平均年齢は50.9歳、うち市町村国保被保険者は51.9歳である。世帯主の職業別所得をみると、所得なし28.4％、100万円未満56.5％（所得なし含む）、100万円から200万円未満22.9％と低所得世帯を多く含んでいる。世帯主が被用者世帯では、年収200万円未満の世帯は71.2％（所得なし8.1％含む）を占めている。国民健康保険の被保険者には無職者だけではなく、現役の労働者においても低所得者が多いということが示された。

(3) 保険料の減免

国民健康保険の被保険者には無職、低所得者が多く含まれていることから、保険料の減免制度が設けられており、法定減免と申請減免がある。

法定減免とは、国民健康保険法に定められている国の制度である。前年の所得に応じて保険料が減額される。申請減免は、国民健康保険法に基づき市町村条例で定められている。失業、災害や病気等で前年度より所得が減少し、生活が困窮していると認められる場合は、被保険者の申請により保険料の減免が行われる。

(4) 国民健康保険の給付内容

国民健康保険の給付内容はほぼ健康保険の給付内容に準じている。給付は、療養の給付、入院時食事療養費、入院時生活療養費、保険外併用療養費、療養費、訪問看護療養費、移送費、高額療養費、高額介護合算療養費、特別療養費

である。出産育児一時金・葬祭費は法定任意給付である。傷病手当金、出産手当金は任意給付であるため、市町村保険者では傷病手当金、出産手当金の支給を行っていない。

(5) 受診時の自己負担

国民健康保険の給付を受ける場合は、かかった医療費の一部を医療機関窓口で支払う。その割合は原則3割である。自己負担が多くなる場合は、健康保険と同様に「高額療養費」制度や、「高額介護合算療養費」制度が活用される。

4 ── 後期高齢者医療制度とその給付

(1) 後期高齢者医療制度のしくみ（保険者と被保険者）

2008（平成20）年4月から、75歳以上の後期高齢者に対する医療は、老人保健法が全面的に改正された「高齢者の医療の確保に関する法律」に基づき、

図Ⅲ－7－3　後期高齢者医療制度のしくみ

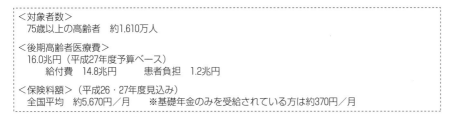

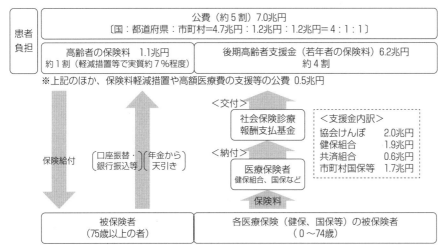

出典：厚生労働省「我が国の医療保険について」
　　http://www.mhlw.go.jp/stf/seisakunitsuite/bunya/kenkou_iryou/iryouhoken/iryouhoken01/index.html（平成29年7月10日閲覧）

後期高齢者医療制度として行われている。図Ⅲ-7-3で示すように、後期高齢者医療制度の運営主体は市町村が加入する後期高齢者医療広域連合であり、保険料の決定、医療の給付を行う。この制度の被保険者は、75歳以上の者および65歳から74歳で一定の障害状態にあり広域連合の認定を受けた者である。保険料は被保険者一人ひとりに課せられる。

　保険料額は、広域連合が診療報酬改定にあわせて2年に1度改定する。所得割と被保険者均等割の合計額となるが、所得が低い場合は均等割部分について軽減措置がある。

　後期高齢者医療制度の財源は、後期高齢者の保険料が約1割、公費が約5割（国：都道府県：市町村＝4：1：1）、各医療保険からの後期高齢者支援金が約4割となっている。

(2) 　後期高齢者医療制度の給付内容

　給付内容は、療養の給付、入院時食事療養費、入院時生活療養費、保険外併用療養費、療養費、訪問看護療養費、移送費、高額療養費、高額介護合算療養費などである。

(3) 　受診時の自己負担

　後期高齢者医療制度の被保険者が受診した際の自己負担は、要した費用の1割（現役並み所得者は3割）である。窓口負担については、月ごとの上限額が設定されている。外来の場合は被保険者個人ごと、入院を含めた医療費は世帯ごとの上限が定められている。健康保険と同様に高額療養費、高額介護合算療養費がある。

Column　　医療扶助

　医療扶助は生活保護受給者が傷病等により通院、入院が必要になった場合、①診察、②薬剤または治療材料、③医学的処置、手術およびその他の治療および施術、④居宅における療養上の管理およびその療養にともなう世話その他の看護、⑤病院または診療所への入院およびその療養にともなう世話その他の看護、⑥移送を範囲としている。医療扶助は現物給付によって行う。現物給付のうち医療の給付は、指定医療機関へ委託する、医療保護施設の利用がある。

　医療扶助の範囲は国民健康保険の範囲に準ずる。生活保護受給者は通院、入院が必要になった場合は、福祉事務所へ申し出て、「医療券」の発行を受け、これを指定医療機関へ持参して必要な医療を受けることができる。

第3節 国民医療費

1 ──国民医療費とは

 国民医療費とは「当該年度内の医療機関等における保険診療の対象となり得る傷病の治療に要した費用を推計したものである。この費用には、医療診療、歯科診療にかかる診療費、薬局調剤医療費、入院時食事・生活医療費、訪問看護医療費等が含まれる」[1])とされている。その範囲を傷病の治療費に限っているため、正常な妊娠・分娩に要する費用、健康の維持・増進を目的とした健康診断・予防接種などに要する費用、固定した身体障害のために必要とする義眼、義肢などの費用は含んでいない。

2 ──国民医療費のしくみ

 厚生労働省「国民医療費調査」によれば、2014(平成26)年度の国民医療費は40兆8,071億円、前年度比1.9%の増加となっている。一人当たりの国民医療費は32万1,100円である。

 ここでは、国民医療費の範囲を理解し、そのしくみを負担(誰が支払い)、分配(どこに流れ)、使途(何に使われているか)の3点からみる。

 まず、負担(誰が支払っているのか)つまり財源をみる。財源別国民医療費は、公費38.8%(国庫25.8%、地方13.0%)、保険料48.7%(事業主20.4%、被保険者28.3%)、患者負担11.7%である。保険料のうち被保険者分と患者負担の合計で40%を占めていることがわかる。

 次に、分配(どこに流れているのか)では診療種類別国民医療費は医科診療医療費が71.7%を占め、うち入院医療費37.4%、入院外医療費34.3%である。医科診療医療費を主傷病別にみると「循環器系の疾患」20.1%、次いで「新生物」13.6%、「筋骨格系及び結合組織の疾患」7.8%、「呼吸器系の疾患」7.4%である。年齢階級別医療費は、65歳以上が58.6%と半数以上を占めている。うち75歳以上は35.4%であり、高齢者の割合が高いことが示されている。

 制度区分別にみた国民医療費は、医療保険等給付分は全体の46.9%、次いで後期高齢者医療給付分32.8%、患者負担分12.4%、公費負担医療給付分7.4%である。

 最後に使途(何に使われているのか)をみる。厚生労働省の資料によると2013(平成25)年の医療機関の費用構造は、医療サービス従事者46.4%、医薬品22.6%が多くを占めている。半数近くが医療サービス従事者の人件費で

ある。

3——国民医療費増加の要因

　国民医療費増加の要因として、人口の増加、疾病構造の変化、人口の高齢化、医療提供体制の整備・充実、医療技術の高度化、そして日本の医療保険制度が診療報酬による出来高払いによることが指摘されている。1970年代のオイルショックを契機として、臨時行政調査会は医療費を抑制することが重要であるとし、それ以降医療費の適正化政策がとられている。

日本の医療保障の特徴

　日本の社会保障における医療保障の特徴として次の2点をあげることができる。

　第1は、社会保険である医療保険が中心であり、国民皆保険体制によりすべての国民が何らかの医療保険制度により医療を保障されていることである。このように、国民皆保険の意義は大きい。

　第2は、いくつもの医療保険制度が分立していることである。傷病手当金の有無、付加給付の有無など加入者の階層差が給付に反映している。

【引用文献】
1）厚生労働省政策統括官（統計・情報政策担当）編『平成26年度国民医療費』厚生労働統計協会　2014年　p.6

【参考文献】
厚生労働統計協会編『保険と年金の動向2016／2017』厚生労働統計協会　2016年
一圓光彌編『社会保障論概説』誠信書房　2009年
『生活保護手帳2015年度版』中央法規出版　2015年
厚生労働省：我が国の医療保険について
　http://www.mhlw.go.jp/stf/seisakunitsuite/bunya/kenkou_iryou/iryouhoken/iryouhoken01/index.html（平成29年5月17日閲覧）
厚生労働省：平成28年度診療報酬改定の基本方針（骨子案）に関する参考資料
　http://www.mhlw.go.jp/file/05-Shingikai-12601000-Seisakutoukatsukan-Sanjikanshitsu_Shakaihoshoutantou/0000104925.pdf（平成29年5月17日閲覧）

▶第8講　介護保障の諸制度　介護保険

▶はじめに

　本講では介護保険について学ぶ。主な内容は、①介護保険制定の経過と背景、②介護保険のねらい、③介護保険のしくみ、④介護保険の課題である。日本の介護保険は、「加齢による」介護が必要な状態を「保険事故」とみなして、社会保険からの保険給付として介護を給付するものである。つまり、高齢者の介護を社会保険で行うものである。日本の社会保障制度において、5番目の社会保険制度として1997（平成9）年に制定され、2000（同12）年から施行されている。

第1節　介護保険制定の背景とねらい

1——介護保険制定前の社会保障による公的介護保障

　日本の社会保障では、介護保険制定前から公的に介護を保障してきた。それは、生活保護法、老人福祉法、身体障害者福祉法、児童福祉法などによる「福祉の措置」としての介護保障である。また、労働者災害補償保険制度による保険給付もある。

　具体的な例として生活保護法の介護加算がある。生活保護を受けている者が介護を要する場合に生活扶助に加算されるものである。また特別児童扶養手当法施行令による特別児童扶養手当は、「常時の介護を必要とする程度の障害を有する」「長期にわたる高度の安静と常時の監視または介護」状態にある障害を有する子どもをもつ親への手当である。ほかにも老人福祉法における特別養護老人ホームの入所要件は、「身体上又は精神上著しい障害があるために常時の介護を必要」とする状態の高齢者を施設で介護するものである。老人福祉法では上記に加えて在宅サービスとして介護を保障してきた。

　以上のように、1950年代や1960年代から社会保障では加算、手当としての金銭給付、施設入所、在宅サービスなどさまざまな形態で公的に介護を保障してきた。

　2017（平成29）年時点においても、生活保護法の介護加算、介護扶助、特別児童扶養手当等の社会手当、老人福祉法、障害者総合支援法、児童福祉法、労働者災害補償保険法、介護保険法により介護は保障されている。

2 ── 介護保険法制定の背景と経過

　介護保険法は1990年代半ばに厚生省（当時）で検討が始まった。介護保険制度が創設された理由として、①高齢化にともなう要介護高齢者の増加・介護期間の長期化、②従来要介護高齢者を支えてきた家族の核家族化や高齢化、③老人福祉法と老人保健法の異なる制度による問題点、④介護費用の財源確保があげられている。

　老人福祉法と老人保健法の問題については、1991（平成3）年の老人保健法の改正において、老人保健制度研究会が、社会的入院[*1]をしている老人は医療より介護を必要としており、医療の対象ではないという認識を示した。こうして介護を医療保険から切り離す方向が示唆された。1994（同6）年には厚生省（当時）に高齢者介護対策本部が設置され、新しい高齢者介護システムの検討が始まった。有識者からなる高齢者介護・自立支援システム研究会が「新たな高齢者介護システムの構築を目指して」とする報告書を出した。この内容は高齢者の自立支援を基本理念とし、今までの制度を再編成し、社会保険方式による新しい介護システムについてまとめたものである。1995（同7）年になると厚生大臣（当時）は老人保健福祉審議会に介護保険構想を具体化する諮問を行い、同審議会は、1996（同8）年6月に最終答申をしている。この最終答申に基づいて1997（同9）年に介護保険法が成立し、2000（同12）年4月より実施されることになった。

　介護保険法制定の経過をみると、老人医療費の国庫負担削減のために社会的入院を解消することをねらい、医療保険と老人保健法により提供されていた治療と介護を区別し、介護の財源対策として介護保険創設が提唱されたことが示されている。

*1　社会的入院
　第Ⅱ部4講 p.104参照。

3 ── 介護保険法の改正

(1) 2005（平成17）年改正

　介護保険法は法の附則において、施行後5年を目途として必要な見直しを行うとされた。2005（平成17）年に介護保険法が改正され、翌年4月より施行された。

　主な改正内容は、①予防重視システムへの転換、②利用者負担の見直し、③新たなサービス体系の確立、④サービスの質の確保と向上、⑤制度運営・保険料の見直し、の5点である。

　①予防重視システムへの転換は、2005（平成17）年における介護保険法改正の大きな柱であった。介護保険制度施行後の推移をみると軽度者の増加が

著しいことから、改正前の予防給付を見直し、新しい予防給付を創設し、地域支援事業を創設した。また、改正前の要支援者の定義である「要介護状態となるおそれがある状態にあるもの」を「要支援状態にあるもの」へ見直した。

②利用者負担の見直しは、居宅と施設の利用者負担の公平性、介護保険と年金給付の調整の観点から、介護保険施設などにおける居住費と食費を保険給付の対象外とし、利用者が負担することとなった。

③新たなサービス体系の確立は、一人ひとりの高齢者ができる限り住み慣れた地域で生活できるように、地域密着型サービスの創設、地域包括支援センター[*2]の創設などが行われた。

④サービスの質の確保、向上は、情報開示の標準化、事業者規制の見直し、ケアマネジメントの見直しである。

⑤制度運営・保険料の見直しは、被保険者の負担能力の適切な反映、市町村の事務負担軽減・保険機能の強化、認定申請・認定調査の公平性の観点からの見直しである。これにより、第1号被保険者の保険料設定を見直し、被保険者の負担能力に応じた設定とした。

その後、2008（平成20）年の改正では「コムスン問題」[*3]を受けて、介護サービス事業者の不正再発防止、介護事業運営の適正化が行われた。2011（同23）年の改正は、高齢者が地域で自立した生活が営めるよう諸サービスが切れ目なく提供される「地域包括ケアシステム」の実現へ取り組みをすすめることをねらいとしている。

> [*2] 地域包括支援センター
> 公正・中立の立場から、地域における介護予防マネジメント、総合相談、権利擁護を行う中核的機関。市町村は責任主体である。

> [*3] コムスン問題
> 株式会社コムスンが、介護報酬の不正請求、虚偽の指定申請、訪問介護事業所の人員基準違反等の不正行為を行っていたことが明らかになった問題。

(2) 2014（平成26）年改正

2014（平成26）年の介護保険法の改正の主な内容は、①地域包括ケアシステムの構築、②費用負担の公平化である。

①の地域包括ケアシステムの構築として、高齢者が住み慣れた地域で生活を継続できるようにするため、介護、医療、生活支援、介護予防を充実するとしている。②費用負担の公平化として、低所得者の保険料軽減を拡充し、保険料上昇をできる限り抑えるため、所得や資産のある利用者の利用者負担を見直すとしている。

(3) 2017（平成29）年改正

2017（平成29）年の介護保険法の改正の主な内容は、①地域包括ケアシステムの深化・推進、②介護保険制度の持続可能性の確保である。

①地域包括ケアシステムの深化・推進は、自立支援・重度化防止に向けた保険者機能の強化等の取り組みの推進、医療・介護の連携の推進等、地域共

生社会の実現に向けた取り組みの推進等である。②介護保険制度の持続可能性の確保は、自己負担2割負担者のうち特に所得の高い層の負担割合を3割とすること、介護納付金への総報酬割の導入である。

4――介護保険制度のねらい

介護保険創設のねらいは、次の4点とされている。

①社会全体で老後の生活を支える「社会的介護」の制度をつくることで、老後の不安をなくすとともに、家族等の介護負担の軽減をはかる。②社会保険方式にすることで、保険料を負担しつつ、保険料と給付の関係を明確に認識でき、国民の理解を得やすくする。③現在の縦割り制度を再編し、老人福祉法などによる「措置」制度から「契約」制度にする。これにより社会福祉法人のみならず非営利団体、営利団体など多様な主体から保健医療サービス、福祉サービスを総合的に受けられる利用者本位のしくみを創設する。④介護を医療保険制度から切り離し、社会的入院の解消の条件整備を図るなど、社会保障機構改革の第一歩となる制度を創設する。

介護保険によりそれまで老人福祉法で福祉の措置として行われていた高齢者の介護は、そのほとんどが介護保険に移行することになった。措置制度は国家責任により福祉サービスを行うシステムであるが、社会保険方式に変更した点が最大の変化である。

したがって、介護が必要な状態が保険の対象である保険事故とみなされることになり、国が定めた「要介護状態」または「要支援状態」に該当して、初めて給付を受けることができる。また、介護サービスの利用は利用者が各サービス事業者と契約して行うこととなった。利用する高齢者の負担も変化した。老人福祉法による福祉の措置は、利用者の資力（経済力）に応じて利用者負担をする「応能負担」であったが、介護保険は、一律に利用した介護サービスの1割を負担する「応益負担」となった。

 ## 介護保険制度のしくみ

1――介護保険法の目的

介護保険法第1条は、介護保険制度の目的を「加齢に伴って生ずる心身の変化に起因する疾病等により要介護状態となり、入浴、排せつ、食事等の介護、機能訓練並びに看護及び療養上の管理その他医療を要する者等について、

これらの者が尊厳を保持し、その有する能力に応じた自立した日常生活を営むことができるよう、必要な保健医療サービス及び福祉サービスに係る給付を行うため、国民の共同連帯の理念に基づき介護保険制度を設け、その行う保険給付に関して必要な事項を定め、もって国民の保健医療の向上及び福祉の増進を図ることを目的とする」と述べている。

2――介護保険の保険事故

介護保険は社会保険であるので、保険として成立する以上、国民に共通するリスクに対応しなければならない。介護保険の保険事故は「要介護状態」と「要支援状態」とされている。

「要介護状態」とは、「身体上又は精神上の障害があるために厚生労働省令で定める期間にわたり継続して、常時介護を要すると見込まれる状態であって、その介護の必要の程度に応じて」厚生労働省令に定める区分（要介護状態区分）に該当するものである。要介護状態は要介護1～5に区分される。

「要支援状態」とは、身体上若しくは精神上の障害があるために「厚生労働省令で定める期間にわたり継続して常時介護を要する状態の軽減若しくは悪化の防止に資する支援を要すると見込まれ」または「日常生活を営むのに支障があると見込まれる状態であって、支援の必要の程度に応じて」厚生労働省令で定める区分（要支援状態区分）に該当するものである。要支援状態は要支援1・2に区分される。厚生労働省令で定める期間とは原則として6か月である。

3――介護保険の保険者と被保険者

(1) 介護保険の保険者

介護保険の保険者は市町村と特別区（以下、市町村）である（介護保険法第3条）。市町村が保険者となった理由として、介護サービスの地域性、老人福祉法・老人保健法の実績があること、地方分権の流れに沿うことがあげられている。小規模な町村の場合は、近隣の市町村とともに広域連合[*4]として保険者となる場合もある。

保険者としての市町村の役割は、介護保険証の交付、要介護認定、保険料の決定、介護保険事業計画の策定、介護サービスの基盤整備、保険料の徴収などである。国の役割は、介護保険制度の基本的な枠組みの制定、要介護認定等の基準の設定、介護保険事業運営のための指導、市町村の制度運営の支援等を行い、介護保険事業の運営が円滑に行われるように措置を講ずること

*4　広域連合
1994（平成6）年の地方自治法改定により導入された制度。広域にわたり処理することが適切であると認められるものに関し、広域計画を作成し、必要な連絡調整を図り、総合的かつ計画的に広域行政を推進する組織。広域連合は、都道府県、市町村、特別区が設置することができる。

である。

(2) 介護保険の被保険者

介護保険の被保険者は、40歳以上の者であり、65歳以上の第1号被保険者と40歳以上65歳未満の医療保険加入者の2区分である。市町村に住所を有する第1号被保険者、第2号被保険者はその市町村の被保険者となる。施設入所者の場合は、入所前の住所地の被保険者となる。

第1号被保険者の場合は、前述したような「要介護状態」「要支援状態」と判断された場合に介護給付を受ける権利（受給権）があるが、第2号被保険者の場合は、介護保険法施行令に定める「特定疾病」[*5]に罹患し、「要介護状態」「要支援状態」と認定された場合に限定して介護給付を受けることができる。

40歳以上の者を被保険者とする理由については次の2点があげられている。第1は、要介護状態の発現は40歳くらいから初老期認知症、脳血管疾患による要介護ニーズの発生の可能性が高くなること、第2は、親の介護を要する状態になる可能性が高くなり、世代間連携によって介護費用を支え合うことに適していることである（図Ⅲ-8-1参照）。

*5
①がん（医師が一般に認められている医学的知見に基づき回復の見込みがない状態に至ったと判断したものに限る）、②関節リウマチ、③筋萎縮性側索硬化症、④後縦靭帯骨化症、⑤骨折を伴う骨粗鬆症、⑥初老期における認知症、⑦進行性核上性麻痺、大脳皮質基底核変性症及びパーキンソン病、⑧脊髄小脳変性症、⑨脊柱管狭窄症、⑩早老症、⑪多系統萎縮症、⑫糖尿病性神経障害、糖尿病性腎症及び糖尿病性網膜症、⑬脳血管疾患、⑭閉塞性動脈硬化症、⑮慢性閉塞性肺疾患、⑯両側の膝関節又は股関節に著しい変形を伴う変形性関節症。

図Ⅲ-8-1　介護保険制度のしくみ

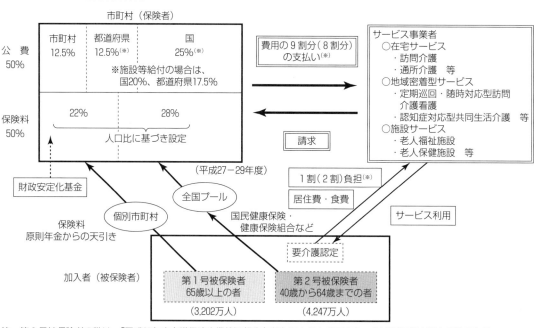

注　第1号被保険者の数は、「平成25年度介護保険事業状況報告年報」によるものであり、平成25年度末現在の数である。
　　第2号被保険者の数は、社会保険診療報酬支払基金が介護給付費納付金額を確定するための医療保険者からの報告によるものであり、平成25年度内の月平均値である。
※　2018（平成30）年8月以降、2割負担のうち特に所得の高い層についての自己負担額が3割となる。
出典：厚生労働省老健局総務課「公的介護保険制度の現状と今後の役割（平成27年度）」を一部改変

4 ── 介護保険の保険料

(1) 介護保険の財政

　介護保険の財政は、公費50％、保険料50％である。公費の内訳は、居宅給付費[*6]については国25％、都道府県12.5％、市町村12.5％であり、施設等給付費[*7]については国20％、都道府県17.5％、市町村12.5％である。保険料の内訳は、第1号被保険者保険料22％、第2号被保険者保険料28％である。

　市町村に対する財政面への支援として都道府県に財政安定化基金が置かれている。財源は、国・都道府県・市町村が3分の1ずつ負担している。見込みを上回る給付費の増加や保険料収納不足によって、保険財政の赤字を一時的に補填するために資金の交付・貸し付けを行う。

(2) 保険料は市町村が決める

　市町村は3年を1期とする介護保険事業計画を策定し、この計画に定めるサービス費用見込み額に基づいて保険料を設定し、保険料は定額である。第1号被保険者の保険料は、一定額以上の年金を受けている場合は、年金から「特別徴収」される。一定額未満の者は市町村が個別に徴収する（普通徴収）。世帯主は配偶者がいれば、配偶者の分も納付する義務がある。

　保険料は、介護保険制度が成熟してサービス量と利用者が増加するか、高齢人口が増加すると必然的に引き上げられることになる。このような保険料を支払うことは、低所得者層にとって負担となることから、第1号被保険者の保険料は所得に応じて9段階にわけられている。第2号被保険者の保険料は、加入する医療保険に割り振られ、介護納付金総額に定められた保険料を、医療保険の保険料とともに納付する。医療保険者は、被保険者加入者数に応じて納付金を負担していたが、2017（平成29）年の改正により被保険者期間の報酬額に比例して負担するしくみ（総報酬制）を導入することとなった。

　第6期[*8]に当たる全国の介護保険料（第1号被保険者）の平均額は月額5,514円である。第1期の第1号被保険者の保険料平均は月額2,911円、第2期3,293円、第3期4,090円、第4期4,160円、第5期4,972円と上昇している。

(3) 保険料を滞納した場合、支払いが困難な場合

　第1号被保険者が特別な事情もなく保険料を滞納した場合は、滞納処分として財産の差し押さえを受ける場合があるほか、介護サービスを利用したときに滞納期間に応じて、介護保険からの給付に制限を受けることがある。

　一方、災害により住宅などに著しい被害を受けた場合、生計支持者の長期入院などにより保険料納付が困難な場合は、申請により保険料納付の猶予、

＊6　居宅給付費
　施設給付費以外の給付費。

＊7　施設等給付費
　都道府県知事が指定権限を有する介護老人福祉施設、介護老人保健施設、介護療養型医療施設、特定施設にかかる費用。

＊8
　介護保険事業運営期間は、第1期は2000（平成12）年度から2002（同14）年度、第2期は2003（同15）年度から2005（同17）年度、第3期は2006（同18）年度から2008（同20）年度、第4期は2009（同21）年度から2011（同23）年度、第5期は2012（同24）年度から2014（同26）年度、第6期は2015（同27）年度から2017（同29）年度である。

減免がある。第2号被保険者については、保険料の納付義務を負った者が医療保険料を滞納中の場合は、介護保険からの給付が一時的に差し止められる。

第3節　介護保険から給付を受けるために

1──申請と要介護・要支援認定

　介護保険の給付を受けるためには、「要介護状態」または「要支援状態」であることの認定を受け、介護サービス計画（ケアプラン）*9の作成が必要である。介護保険の利用を希望する場合は、図Ⅲ－8－2が示すように、市町村へ「介護保険証」を添付して申請し、市町村の介護認定審査会で認定調査を受ける。介護認定調査会は、厚生労働省のコンピューターによる一次判定と主治医の意見書などに基づき審査、判定を行う（二次判定）。
　一次判定は、「要介護等認定基準時間」によっている。つまり、介護の手間が相対的にどの程度かかっているのかを示す時間をもとに要介護は決めら

*9　介護サービス計画（ケアプラン）には、居宅サービス計画と施設サービス計画がある。なお、介護予防サービスの場合は、介護予防サービス計画（介護予防ケアプラン）が作成される。

図Ⅲ－8－2　介護サービスの利用の手続き

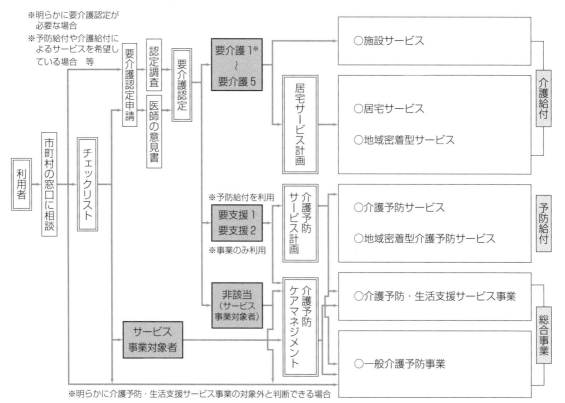

出典：厚生労働省老健局総務課「公的介護保険制度の現状と今後の役割（平成27年度）」を一部改変

れている。市町村は申請から30日以内に審査判定結果を被保険者へ通知する。認定結果に疑問、不服がある場合は、介護保険審査会に審査請求（不服申立て）をすることができる。認定通知の翌日から60日以内に審査請求書を市区町村の窓口に提出する。家族が代理で請求することも可能である。

2 ── 介護保険の給付内容

(1) 給付の概要

表Ⅲ-8-1に示すように、要介護認定者は「介護給付」が、要支援認定者は「予防給付」と、市町村が行う総合事業などの「地域支援事業」を受けられる。「介護給付」は、施設サービス、居宅サービス、地域密着型サービスからなり、「予防給付」は、介護予防サービス、地域密着型介護予防サービスからなる。

非該当と認定された場合、介護保険の給付を受けることはできないが、「地域支援事業」を受けられる。

(2) 施設サービス

「施設サービス」[*10]とは、「介護老人福祉施設サービス」および「介護老人保健施設サービス」をいう。介護老人福祉施設サービスとは介護老人福祉施設に入所する要介護者に対して、施設サービス計画書に基づいて行われる入浴、排せつ、食事等の介護その他の日常生活上の世話、機能訓練、健康管理、療養上の世話をいう。このサービスは、都道府県知事に申請し指定を受けた指定介護老人福祉施設[*11]が提供する。介護老人保健施設サービスとは介護老人保健施設に入所する要介護者に対し、施設サービス計画に基づいて行われる看護、医学的管理のもとにおける介護および機能訓練その他必要な医療並びに日常生活上の世話をいう。このサービスは、都道府県知事に開設の許可を得た介護老人保健施設が提供する。

(3) 居宅サービス

「居宅サービス」とは、要介護者が自宅で利用できるサービスである。主なサービスは、訪問介護、訪問入浴介護、訪問看護、訪問リハビリテーション、居宅療養管理指導、通所介護、通所リハビリテーション、短期入所生活介護、福祉用具貸与および特定福祉用具販売等である。

居宅サービスは、都道府県が指定する指定居宅サービス事業者が提供する。

*10 介護療養型医療施設は、2012（平成24）年3月末に廃止されることになっていたが、6年間延期となり、2017（同29）年、さらに6年延期されることとなった。国は、新たな「介護医療院」へ転換するとしている。

*11 介護老人福祉施設は老人福祉法に定める特別養護老人ホームのうち定員30名以上のもの。

表Ⅲ－8－1　介護サービス等の種類

平成28('16)年4月

	予防給付におけるサービス	介護給付におけるサービス
都道府県が指定・監督を行うサービス	◎介護予防サービス 【訪問サービス】 ○介護予防訪問入浴介護 ○介護予防訪問看護 ○介護予防訪問リハビリテーション ○介護予防居宅療養管理指導 【通所サービス】 ○介護予防通所リハビリテーション 【短期入所サービス】 ○介護予防短期入所生活介護 ○介護予防短期入所療養介護 ○介護予防特定施設入居者生活介護 ○介護予防福祉用具貸与 ○特定介護予防福祉用具販売	◎居宅サービス 【訪問サービス】 ○訪問介護 ○訪問入浴介護 ○訪問看護 ○訪問リハビリテーション ○居宅療養管理指導 【通所サービス】 ○通所介護 ○通所リハビリテーション 【短期入所サービス】 ○短期入所生活介護 ○短期入所療養介護 ○特定施設入居者生活介護 ○福祉用具貸与 ○特定福祉用具販売 ◎居宅介護支援 ◎施設サービス ○介護老人福祉施設 ○介護老人保健施設 ○介護療養型医療施設
市町村が指定・監督を行うサービス	◎介護予防支援 ◎地域密着型介護予防サービス ○介護予防小規模多機能型居宅介護 ○介護予防認知症対応型通所介護 ○介護予防認知症対応型共同生活介護（グループホーム）	◎地域密着型サービス ○定期巡回・随時対応型訪問介護看護 ○小規模多機能型居宅介護 ○夜間対応型訪問介護 ○認知症対応型通所介護 ○認知症対応型共同生活介護（グループホーム） ○地域密着型特定施設入居者生活介護 ○地域密着型介護老人福祉施設入所者生活介護 ○看護小規模多機能型居宅介護 ○地域密着型通所介護
その他	○住宅改修	○住宅改修
市町村が実施する事業	◎地域支援事業 ○介護予防・日常生活支援総合事業 　(1)　介護予防・生活支援サービス事業 　　・訪問型サービス 　　・通所型サービス 　　・生活支援サービス 　　・介護予防ケアマネジメント ○包括的支援事業（地域包括支援センターの運営） 　・総合相談支援業務 　・権利擁護業務 　・包括的・継続的ケアマネジメント支援業務 ○任意事業	(2)　一般介護予防事業 　　・介護予防把握事業 　　・介護予防普及啓発事業 　　・地域介護予防活動支援事業 　　・一般介護予防事業評価事業 　　・地域リハビリテーション活動支援事業 ○包括的支援事業（社会保障充実分） 　・在宅医療・介護連携推進事業 　・生活支援体制整備事業 　・認知症総合支援事業 　・地域ケア会議推進事業

注：平成26（'14）年の介護保険法の一部改正により、29（'17）年4月から新しい介護予防・日常生活支援総合事業を全ての市町村が実施することとされており、上図は、新しい介護予防・日常生活支援総合事業を実施している市町村を前提としている。
出典：厚生労働統計協会『国民の福祉と介護の動向2016／2017』p.155

(4) 地域密着型サービス

「地域密着型サービス」とは、主に定期巡回・随時対応型訪問介護看護、夜間対応型訪問介護、地域密着型通所介護、認知症対応型共同生活介護（グループホーム）、小規模多機能型居宅介護、地域密着型介護老人福祉施設生活者介護等である。

(5) 居宅介護支援

　要介護者が自宅で適切なサービスを利用できるように介護支援員（ケアマネージャー）が心身の状況、生活環境、本人や家族の希望などに沿ってケアプラン（居宅サービス計画）の作成、サービス提供事業所等の連絡・調整を行う。

　なお、「介護予防サービス」とは、要支援1・2と認定された者を対象として、状態の改善と悪化の予防を目的とするサービスである。介護予防訪問入浴介護、介護予防訪問看護、介護訪問リハビリテーション等である。介護予防サービス、地域密着型介護予防サービス、介護予防支援は介護給付とサービスが重複している。

(6) 地域支援事業

　地域支援事業は、市町村が要介護状態になることの予防または要介護状態の軽減と悪化の防止、地域における自立した日常生活支援のために施策を総合的一体的に行うものである。2012（同24）年の改正で、「総合事業（介護予防・生活支援サービス事業・一般介護予防事業）」、「包括支援事業」「任意事業」へ2015（同27）年から3年間をかけて移行することとなった。

3 ── 介護報酬

　介護報酬とは、事業者が介護保険サービス利用者（要介護者または要支援者）に介護サービスを提供した場合、その対価として事業者に支払われる報酬のことである。介護報酬は、介護サービスの種類ごとに定められている。介護報酬の基準額は、厚生労働大臣が定める。原則として3年ごとに改定される。利用者は、介護報酬を参考にして、受けることができる上限額などの規定に沿って、給付を受けるサービスの種類、回数を決める。

4 ── 利用者負担と負担軽減制度

(1) 利用者負担

　介護保険は「介護報酬」の9割を給付する。したがって、残り1割が自己負担となる。ただし介護サービス計画作成等の居宅介護支援、居宅介護予防支援の費用負担はない。また年金等の収入により負担額は異なる。2017（平成29）年改正により2割負担者のうち特に所得の高い層は3割負担となる[12]。

　介護保険の給付は、要介護認定の等級に沿って利用の上限額が定められている。被保険者は、認定された要介護認定の等級に該当する支給限度額の範

[12] 2018（平成30）年8月より実施。

囲で給付を受けることができる。支給限度額を超えた場合は、その全額が自己負担となる。

(2) 利用者の負担軽減制度

介護保険による介護給付は、老人福祉法による福祉の措置としての介護保障と違い、利用者は利用したサービスの1割を負担し、介護保険料を負担しなければならない。このために、利用者の負担が大きくなる。そこで、利用者の負担軽減制度が設けられている。

具体的には、利用者の1割負担が高額になる場合は、負担の上限を設け、高額介護（介護予防）サービス費を支給している。また、2008（平成20）年からは、医療と介護の利用者負担を軽減する措置として、高額介護合算療養費[*13]制度が施行されている。

また、所得が低く生活が困難な利用者に対して施設の居住費・食費の利用者負担軽減、利用者負担の軽減制度[*14]事業がある。

*13　高額介護合算療養費
　第Ⅲ部7講 p.171参照。

*14
　介護保険サービス利用者のうち所得が低く、生計が困難な利用者に対して利用者負担額の一部を都道府県が助成し、負担を軽減することで利用を促進する事業。ただし、軽減事業を実施する事業所の利用に限る。助成費用は自治体と事業所が負担する。

第4節 介護保険事業計画

介護保険事業計画は、介護保険制度の円滑実施のための計画である。厚生労働大臣が定める基本指針により市町村が策定する「市町村介護保険事業計画」と都道府県が策定する「都道府県介護保険事業支援計画」がある。国が定める基本指針は、サービス提供体制の確保と地域支援事業実施に関する事項、市町村介護保険事業計画、都道府県介護保険事業支援計画に関する事項である。これらの計画は、市町村や都道府県における介護サービス基盤の計画的整備、市町村の第1号被保険者の保険料を設定する基礎となっている。

「市町村介護保険事業計画」は、3年ごとに市町村における利用定員総数とサービス種類ごとの見込み、地域支援事業の量の見込み、その見込み量確保のための方策と地域支援事業の費用、保険給付に要する費用の額や保険料水準に関する中長期的推計等を設定する。「都道府県介護保険事業支援計画」は、介護給付等対象サービスの種類ごとの量の見込みを定める単位としての圏域を定め、圏域ごとに介護保険施設の利用定員総数と他のサービス量の見込み、施設における生活環境改善のための事業、介護保険に関する情報公開、介護人材確保と質の向上のために事業等を策定する。市町村介護保険事業計画は市町村老人福祉計画、都道府県介護保険事業支援計画は都道府県老人福祉計画と一体のものとして策定される必要がある。また、両計画は各々の市町村地域福祉計画、都道府県地域福祉支援計画と調和が保たれたものでなけ

ればならない。

第5節 他方との調整

　労働者災害補償保険制度など災害補償関係法による介護保障を受けている場合、介護保険の給付はしない。老人福祉法の福祉の措置として行われていた施設入所、訪問介護、デイサービス等は介護保険に移行し、各事業所との契約によるものとなる。ただし、介護放棄等、本人や家族のやむを得ない事情で介護保険法を利用することができない場合は、老人福祉法による措置によりサービスが提供される。生活保護法は、介護保険法を優先的に利用し、利用者負担部分については生活保護法から介護扶助として支給する。

第6節 地域包括ケアシステム

　国は日本の高齢化の状況から医療や介護の需要がさらに増加することが見込まれるとして、高齢者の尊厳の保持と自立生活支援の目的で、可能な限り住み慣れた地域で、自分らしい暮らしを人生の最後まで続けることができるような地域の包括的な支援・サービス提供体制（地域包括ケアシステム）の構築を推進している。地域包括ケアシステム構築のためには、高齢者の日常生活圏域において、医療、介護、予防、住まい、見守り、配食、買い物などの生活支援の取り組みが包括的、継続的に行われることが必要であるとされている。
　地域包括ケアシステム構築のために、高齢者個人に対する支援の充実とそれを支える社会基盤の配備を同時にすすめることが重要であるとされている。国はこれを実現する手法として「地域ケア会議」を推進している。

第7節 介護保険の課題

　介護保険は社会保険方式により要介護・要支援を保険事故として保険給付を行うものである。介護保険により介護サービスは広がったといえるが、課題として次の2点をあげたい。
　第1は、介護サービスの地域格差である。各サービス提供事業所は介護報酬により経営を成り立たせている。したがって、都市部のように人口が集中

している地域には事業所が多数参入するが、中山間地域等はサービスの種類、量が少ない現状がある。利用者からすれば、「選択」できない現実がある。

　第2は、介護保険のしくみ上、多くのサービスを利用すれば自己負担額も増える。多くの高齢者は年金で生活をしており、必要なサービスであっても自己負担額を心配してサービスの利用を控えたり、やめることがある。実際に、介護保険運営事業期ごとに介護保険料は値上がりしており、高齢者の負担となっている。

【参考文献】
厚生労働統計協会編『国民の福祉の動向2011／2012』厚生労働統計協会　2011年
厚生労働統計協会編『保険と年金の動向2016／2017』厚生労働統計協会　2016年
厚生労働統計協会編『国民の福祉と介護の動向2016／2017』厚生労働統計協会　2016年
厚生労働省老健局総務課：公的介護保険制度の現状と今後の役割（平成27年度）
　　http://www.mhlw.go.jp/file/06-Seisakujouhou-12300000-Roukenkyoku/201602kaigohokenntoha_2.pdf（平成29年6月8日閲覧）
厚生労働省老健局：地域包括ケアシステムの強化のための介護保険法等の一部を改正する法律のポイント
　　http://www.mhlw.go.jp/file/06-Seisakujouhou-12300000-Roukenkyoku/k2017.pdf（平成29年7月20日閲覧）
佐藤進・河野正輝編『権利としての介護保険に向けて』法律文化社　1998年
増田雅暢『介護保険見直しの争点─政策過程からみえる今後の課題』法律文化社　2003年

まとめ | 社会保障の役割と今後の課題

社会保障の役割

　この30年間、社会保障は改革のなかにあるが、そもそも社会保障とは何かを正しく理解することが必要である。

　これまで学習してきたように社会保障の要件とは国家責任によってすべての国民の生涯においてナショナル・ミニマムを保障することである。それはなぜか。資本主義社会において国民一人ひとりは自分の生活に責任をもつ、つまり自己責任の原則のもと生活をしている。しかし、社会が貧困、生活問題を生み出すことが明らかになってきた。個々人は自己責任の原則のもと自助努力で何とかしようとするが、自己責任、自助には限界があることが認識されるようになり、生活上のリスクは特定の人々だけではなく、誰にでもおこりうることがわかってきたのである。さらに2度の世界大戦の経験から、国の責任と負担のもとに国民生活を保障することが国の第一の責務であると考えられ、社会保障を進めた福祉国家の出現を促したのである。このように、社会保障は歴史的必然性があってつくられ、その基本理念はすべての国民の生存権を保障することである。現在の日本の社会保障の基礎となった1950（昭和25）年の社会保障制度審議会の勧告をみるまでもなく、国家による生存権保障は重要である。

　これまでの学習を振り返り、社会保障による所得保障がなぜ必要であるのか、医療保障や介護保障がなぜ必要であるのかを再度確認してほしい。

日本の社会保障制度の特徴と課題

　日本の社会保障制度は社会保険制度中心であることが特徴である。すべての国民に医療と年金を社会保険方式で保障する国民皆保険・皆年金体制の意義は大きい。しかし、制度が整備されてきた歴史的経緯により制度は複雑であり、今現在も職業別に制度が分立し、給付内容に格差がみられる。

　日本の社会保障制度の課題として次の3点をあげたい。

　第1は、公的扶助制度の活用と成熟である。社会保障制度には社会保険と公的扶助があり、二段構えの生活保障となるように整えられている。それぞれの機能をよく理解するとともに、公的扶助が真に活用されることが必要である。特に、非正規雇用で働く人々の増加にともない、職業別に整備されている社会保険制度からの「モレ」、さらに、フルタイムで働いても低所得であるワーキングプアの問題も大きい。「自助」「就労自立」を強調する前に、

生活を立て直すために公的扶助が活用されることが必要である。

　第2は、ナショナル・ミニマムの議論が低調であることをあげることができる。つまり、国家責任でこれ以下があってはならないミニマムの水準をどこにおくのか、いくらにするのかが十分議論されていない。

　第3は、社会政策の一環としての社会保障の検討が低調であることをあげたい。雇用、賃金、住宅など自立条件の検討とともに論じられる必要がある。

【参考文献】
川上昌子編『新版　公的扶助論』光生館　2007年
杉野緑著「脱工業化過程における工業都市の社会経済構造の変化と社会階層構成の特徴
　　―川崎市南部地域を中心として―」『岐阜県立看護大学紀要』（第12巻第1号）2012年

索 引

【あ行】

ICIDH →国際障害分類	
ICF →国際生活機能分類	
ILO	18
朝日訴訟	61、159
アダム・スミス	29
移送費	171
遺族基礎年金	149、150
遺族厚生年金	151、152
遺族給付	139
遺族年金	144
遺族補償給付	139
1.57ショック	79
一般扶助主義	60
医療給付	169
医療扶助	66、155、174
ウエッブ夫妻	22、33
ADL →日常生活動作	
エリザベス救貧法	28
エンゲル方式	157
応益負担	55、95、180
応能負担	55、95、180
恩給	145

【か行】

介護加算	177
介護給付	139、185
介護サービス計画	184
介護扶助	66、155
介護報酬	187
介護保険事業計画	188
介護保険制度	104、178
介護保険法	178
介護保障	177
介護補償給付	139
介護予防サービス	185、187
核家族	48
格差縮小方式	157
学生納付特例制度	151
囲い込み運動	28
家族	100
家庭奉仕員派遣事業	101
患者申出療養	170
完全失業者	136
完全失業率	136
基準及び程度の原則	63
基礎年金制度	147
教育	39
休業給付	139、140
休業補償給付	139、140
救護施設	40
救護法	37、58、74、100
救済並び福祉計画の件	60
求職者給付	137
求職者支援制度	138
旧生活保護法	60
救貧院	29
救貧三策	38
救貧法	28、35、154
教育訓練給付	137
教育扶助	66、155
共済組合	168
矯正の家	29
業務災害	139
居宅介護支援	187
居宅給付費	183
居宅サービス	185
居宅サービス計画	187
居宅生活支援事業	116
軍事扶助法	59
訓練等給付	95
軽費老人ホーム	105
現金給付	67、155、169
健康保険	168
健康保険法	161
限度額適用認定証	171
現物給付	67、155
公課禁止	64
高額介護（介護予防）サービス費	188
高額介護合算療養費	171、188
高額医療費貸付制度	171
高額療養費	170
後期高齢者医療制度	165、168、174
厚生年金保険法	145
公的救済制度	154
公的救済義務主義	58
公的扶助	24、132、154
公的扶助三原則	60

193

高齢化率	98
高齢者、身体障害者等が円滑に利用できる特定建築物の建築の促進に関する法律	96
高齢者、身体障害者等の公共交通機関を利用した移動の円滑化の促進に関する法律	96
高齢者の医療の確保に関する法律	104、164、173
高齢者保健福祉推進十か年戦略	102、109
国際障害者年	84
国際障害分類	84
国際生活機能分類	85
国民医療費	175
国民皆年金	146
国民皆保険	162、167
国民健康保険	168
国民健康保険組合	172
国民健康保険法	161
国民的最低限度　→ナショナル・ミニマム	
国民年金法	146
国民負担率	128
国民保健サービス法	19
国民保険法	35、135
国家責任の原理	62
子ども・子育て支援給付	79
子ども・子育て支援事業	81
子ども・子育て支援新制度	79
コミュニティ・ケア	115
コムスン問題	179
雇用安定事業	137
雇用継続給付	137
雇用者	47
雇用者化	46
雇用保険	131
雇用保険制度	136
雇用保険二事業	136、137
雇用保険法	136

【さ行】

済世顧問制度	120
在宅福祉三本柱	102
最低基準	112
最低生活保障の原理	62
差押禁止	64
GHQ（連合国軍総司令部）	53、59
事後的機能（救貧）	24、26
指示に従う義務	65
施設サービス	185
施設等給付費	183
施設の社会化	113
市町村介護保険事業計画	188
市町村子ども・子育て事業支援計画	81
市町村障害福祉計画	94
市町村福祉計画	120
市町村老人福祉計画	105
失業等給付	136、137
失業に関する条約	135
失業扶助	36
失業保険法	35、135
児童	77
児童家庭支援センター	78
児童虐待防止法（戦前）	74
児童憲章	72、75
児童厚生施設	78
児童自立支援施設	78
児童心理治療施設	78
児童相談所	78
児童手当	132
児童の権利宣言	72
児童の権利に関するジュネーブ宣言	72
児童の権利に関する条約	73
児童発達支援センター	78
児童福祉施設	78
児童福祉法	75
児童扶養手当	132
児童養護施設	78、82
児童養護問題	81
渋沢栄一	38
資本主義の「独占段階」	31
社会改良政策	33
社会救済	60
社会事業	40
社会支出	124
社会手当	132
社会的固定費	129
社会的入院	104、178
社会的養護	81
社会の安定と経済の安定・成長	23
社会福祉	17、18、51、52
社会福祉基礎構造改革	55
社会福祉協議会	119
社会福祉施設	107
社会福祉施設緊急整備５カ年計画	107
社会福祉八法	102

項目	ページ
社会福祉法人	119
社会保険	24、131
社会保障	18、19、20
社会保障関係費	124
社会保障給付費	124
社会保障制度に関する勧告（1950年勧告）	20、52
社会保障体制の再構築に関する勧告	55
社会保障と税の一体改革	55、148、165
社会保障と税の一体改革関連法	55
社会保障の前提条件	22
社会保障の体系	24
社会保障の要件	20
就職促進給付	137
住宅	99
住宅扶助	66、155
収入	99
自由放任主義	29
就労	99
恤救規則	37、58、74、100、154、161
出産育児一時金	171
出産手当金	171
出産扶助	66、155
障害基礎年金	149
障害給付	139、140
障害厚生年金	151、152
障害児	86
障害児入所施設	78
障害児福祉手当	132
障害者	86
障害者基本計画（第2次）	85
障害者基本計画（第3次）	85
障害者基本法	85
障害者権利宣言	84
障害者支援施設	93
障害者自立支援法	92
障害者の権利に関する条約	85
障害者の雇用の促進等に関する法律	95
障害者の日常生活及び社会生活を総合的に支援するための法律（障害者総合支援法）	93
障害者プラン	85、109
障害年金	144
障害補償給付	139、140
小規模多機能型居宅介護事業	105
譲渡禁止	64
少年	77
少年救護法	74
傷病手当金	131、141、171
傷病年金	139
傷病補償年金	139
ショートステイ事業	101、116
職域保険	168
職員健康保険法	161
助産施設	78
所得再分配	23
自立支援医療	94、95
自立支援給付	94
自立支援プログラム	70
新救貧法	30
人口論	30
申請保護の原則	63
申請免除	150
身体障害者	87
身体障害者更生相談所	91
身体障害者手帳	87
身体障害者福祉司	91
身体障害者福祉法	86
診療報酬点数表	169
水準均衡方式	158
SCAPIN404　→救済並び社会計画の件	
SCAPIN775　→社会救済	
スティグマ（恥辱）	28
ストックの所得	131
スピーナムランド制	29
生活困窮者緊急援護要綱	59
生活困窮者自立支援法	70
生活事故	23
生活条件	44
生活上の義務	64
生活の社会化	50、130
生活扶助	66、155
生活保護	61、132
生活保護基準	63、67、155
生活保護の基本原理	62
生活保護の原則	63
生活保護法	53、61
生活保障	23
生活問題	44、51、99
生業扶助	66、155
精神障害者	90
精神障害者保健福祉手帳	90
精神保健及び精神障害者福祉に関する法律	89
精神保健福祉センター	91

項目	ページ
生存権	14、15
生存権保障の原理	62
世界児童憲章	72
世帯単位の原則	63
船員保険	168
船員保険法	145、161
潜在的な国民負担率	128
選定療養	170
選別主義	68
総合事業	187
相互扶助組織	34
葬祭給付	139
葬祭扶助	66、155
葬祭料	139
措置制度	55、92、111
措置費	112

【た行】

項目	ページ
第1種社会福祉事業	108、119
第2種社会福祉事業	108、119
大衆消費社会	50
退職者医療制度	164
地域ケア会議	189
地域支援事業	185、187
地域生活支援事業	95
地域福祉	114
地域福祉計画	120
地域包括ケアシステム	179、189
地域包括支援センター	179
地域保険	168
地域密着型介護予防サービス	185
地域密着型サービス	185、186
知的障害	89
知的障害者更生相談所	91
知的障害者福祉司	91
知的障害者福祉法	88
通勤災害	139
積立方式	149
デイサービス事業	101、117
東京都養育院	38
特定疾病	182
特別児童扶養手当	132
特別障害者手当	132
特別養護老人ホーム	105
都市化	49
都道府県介護保険事業支援計画	188
都道府県子ども・子育て事業支援計画	81
都道府県障害福祉計画	94
都道府県地域福祉支援計画	120
都道府県老人福祉計画	105
届出の義務	64

【な行】

項目	ページ
ナショナル・ミニマム	22、154、155
二次健康診断等給付	139、141
日常生活動作	98
日本国憲法	15
入院時食事療養費	164、170
入院時生活療養費	170
乳児	77
乳児院	78
任意継続被保険者制度	169
任意事業	187
妊産婦	78
認知症対応型老人共同生活援助事業	105
年金	144
年金保険	131
能力開発事業	137
ノーマライゼーション	113、118
ノーマライゼーションの原理	118

【は行】

項目	ページ
発達障害	91
発達障害者	91
発達障害者支援センター	92
バリアフリー	97
必要即応の原則	63
評価療養	170
被用者年金の一元化	148
標準報酬月額	142
費用返還義務	65
貧困の社会的発見	31、32
ブース	31
付加給付	169
賦課方式	148
複合型サービス福祉事業	105
福祉元年	54
福祉国家	33、36
福祉三法	53
福祉事務所	61、67、78、92
福祉見直し	54、115
福祉六法	53

不服申立て	65	【ら行】	
不利益変更の禁止	64	ラウントリー	31、156
フローの所得	131、144	療育手帳	89
ベヴァリッジ報告	19、22、36	利用契約制度	55、111
弁明の機会	65	利用者負担	187
保育所	78	療養給付	139、140
包括支援事業	187	療養の給付	170
包括払い	164	療養費	170
法定給付	169	療養補償給付	139、140
法定免除	150	劣等処遇の原則	30、154
方面委員制度	59、120	労役場	29
訪問介護療養費	170	老人医療費支給制度	162
ホームヘルプサービス事業	116	老人医療費無料化	101、162
保険外併用療養費	170	老人介護支援センター	105
保健所	79、92	老人居宅介護等事業	105
保護施設	65	老人居宅生活支援事業	105
保護者	78	老人クラブ	106
保護率	68	老人短期入所事業	105
母子生活支援施設	78	老人短期入所施設	105
母子保護法	59、74	老人デイサービス事業	105
補装具	95	老人デイサービスセンター	105
捕足性の原理	62	老人福祉計画	105
捕捉率	159	老人福祉施設	105
		老人福祉センター	105、106
【ま行】		老人福祉法	100
マーケット・バスケット方式	32、156	老人保健制度	163
埋葬料	171	老人保健福祉計画	102
マルサス	30	老人保健法	102、163
ミーンズテスト	65、132	労働災害	139
民生委員	120	労働者災害補償保険	131、139
無差別平等の原理	62	労働者年金保険法	145
		老齢基礎年金	149
【や行】		老齢厚生年金	151
「夜警国家」論	29	老齢年金	144
8つの扶助	66、155	ロンドン調査	31
ヤング法	29		
要介護状態	181	【わ行】	
有料老人ホーム	105	ワイマール憲法	15
養護老人ホーム	105		
幼児	77		
要支援状態	181		
幼保連携型認定こども園	78、81		
養老院	100		
ヨーク市調査	31		
予防給付	185		
予防的機能(防貧)	24、26		

著者紹介

杉野 緑（すぎの みどり）

学歴
日本女子大学文学部社会福祉学科卒業　学士（社会学）
日本女子大学大学院文学研究科社会福祉学専攻修了　修士（社会学）
聖隷クリストファー大学大学院保健科学研究科社会福祉学専攻修了　博士（社会福祉学）

職歴
2000年4月　岐阜県立看護大学助教授
2010年4月　岐阜県立看護大学教授（現在に至る）

研究テーマ
社会福祉政策における貧困、生活問題に関する研究

主な業績
共著『日本におけるホームレスの実態』学文社、2005年
共著『新版・公的扶助論』光生館、2007年
共著『わかる・みえる社会保障論』みらい、2016年
単著「脱工業化過程における工業都市の社会経済構造の変化と社会階層構成の特徴―川崎市南部地域を中心として―」『岐阜県立看護大学紀要』（第12巻第1号）2012年

社会福祉・社会保障入門

2017年10月30日　初版第1刷発行
2019年3月31日　初版第2刷発行

著　者	杉野　緑
発行者	竹鼻　均之
発行所	株式会社 みらい 〒500-8137　岐阜市東興町40　第5澤田ビル TEL　058-247-1227（代） FAX　058-247-1218 http://www.mirai-inc.jp/
印刷・製本	西濃印刷株式会社

ISBN978-4-86015-420-2　C3036
Printed in Japan　　　　乱丁本・落丁本はお取り替え致します。